akewa: Ali Silvers Weg für Albert Schweitzers Werk

Friedrich C. Braun Verlag
Tübingen
1984

AKEWA: "Dankeschön" in einheimischer Sprache in Lambarene

AKEWA: ALI SILVERS WEG FÜR ALBERT SCHWEITZERS WERK
Veröffentlicht zum 70. Geburtstag Ali Silvers

Gestaltet und herausgegeben:

Makoto Abé

12, Boulevard Tauler
67000 Strasbourg, France

Unter der Mitwirkung von Hermann Baur, Manfred Hänisch,
Tony van Leer, Jan Helge Solbakk

Friedrich C. Braun Verlag Tübingen
Druck und Satz: Rathgeber-Druck Tübingen

Printed in Germany, 1984

ISBN 3-924473-01-3

Makoto Abé

Einleitung

Der vorliegende Band ist eine Sammlung von Berichten und Aufsätzen über den Weg Ali Silvers, die seit 1947 in Lambarene bei Albert Schweitzer als nahe Vertraute mitarbeitete, dann 1967 zum Aufbau des Zentral-Archivs nach Günsbach gerufen wurde und heute noch dort ihre vielseitige Tätigkeit ausübt.

Die insgesamt 55 Beiträge von Autoren aus 17 Ländern vermitteln hier anläßlich ihres 70. Geburtstags eine bunte Darstellung ihres Wirkens, in der sich das Werk Albert Schweitzers getreu widerspiegelt. Der Herausgeber beschloß dabei, nur in deutsch, französisch und englisch geschriebene Beiträge im Original zu belassen. Beiträge in anderen Sprachen wurden übersetzt.

Wie uns der Tod Friedrich Nietzsches im Jahre 1900 symbolisch zeigt, herrschte Anfang des 20. Jahrhunderts im europäischen Geistesleben ein tiefes Krisengefühl, das zugleich eine nicht meßbare geistige Spannung erzeugte, die die Menschen in verschiedenen Bereichen zu einer Neuorientierung zwang.

1913 begann Albert Schweitzer, der Theologe der "konsequenten Eschatologie" und Bach-Interpret, seinen beispiellosen, ganz individuellen Weg zu beschreiten: Er ging als Arzt nach Äquatorialafrika, um notleidenden Menschen zu dienen und um in Taten der Barmherzigkeit täglich Jesus zu begegnen. Nach dem Zerfall des Spitals während des ersten Weltkriegs baute er es 1924 wieder auf und war dort bis zu seinem Tode 1965 unermüdlich tätig.

Das Leben und Werk dieses großen Mannes beruht auf einer für unsere Zeit ungewöhnlichen Zusammenarbeit verschiedenster Menschen, die sich in ihren Vorstellungen und ihrem Vertrauen stark miteinander verbunden fühlten.

Sein ganzes Werk basiert nicht auf angemaßter Autorität oder einer Organisation, sondern auf einer geistigen Wahlverwandtschaft zwischen freien Individuen.

Dieses Buch versucht am Beispiel Ali Silvers solch ein geistiges Band zwischen freien Menschen aufzuzeigen, um vielleicht eine Antwort auf Fragen der heutigen Menschen geben zu können.

Ich, der Herausgeber, fühle wegen mancher Sprachschwierigkeiten eine Art von Unzulänglichkeit, da keine der drei Sprachen meine Muttersprache ist.

Wie sehr hat mich da das freundschaftliche Vertrauen, das mir, einem unbekannten Japaner, von den Autoren der Beiträge entgegengebracht wurde, überrascht und gefreut! An dieser Stelle möchte ich allen Beteiligten meinen herzlichen Dank aussprechen. Besonders zu Dank verpflichtet bin ich Herrn Hermann Baur, dessen Verständnis und Ratschläge diesen Band überhaupt erst möglich machten, Frau Ilse Bähr, Herrn Hans Walter Bähr, Herrn Manfred Hänisch und Herrn Verleger Friedrich C. Braun, die mir in Gesprächen wertvolle Hinweise gegeben haben.

Gedankt sei weiterhin meinen nächsten Freunden in Strasbourg, Tübingen und Günsbach.

Liebe Ali!

AKEWA (Dankeschön), so hast Du Dein Haus für Gäste und Tagungen in Günsbach genannt. Ich selbst kenne niemanden, der so schön und so herzlich wie Du AKEWA aussprechen kann.

Nun nennen wir dieses Buch zu Deinem 70. Geburtstag AKEWA und versuchen so schön und so herzlich Dankeschön zu sagen für alles, was Du für das Werk Albert Schweitzers und für alle Freunde getan hast und tust!

Tübingen, den 26. Februar 1984

Makoto Abé

Inhalt

Rhena Schweitzer-Miller

Grußwort

Liebe Ali,

ich kann es fast nicht glauben, daß Du bald Deinen 70. Geburtstag feiern wirst. Aber ich möchte Dir sehr herzlich gratulieren und sehr herzlich danken.

Wieviel hast Du in Deinem Leben, das Arbeit und Pflichterfüllung war und ist, für meinen Vater und sein Werk getan. Zuerst in den langen Jahren der Mitarbeit in Lambarene, wo Du nicht nur als Krankenpflegerin gearbeitet hast, sondern auch als Leiterin von Bauarbeiten, als Buchhalterin, als Sekretärin für englische Korrespondenz und Übersetzerin für Besucher, wie auch als Überwacherin der Ziegen- und Schafherde tätig warst. Mein Vater erwartete Vielseitigkeit von seinen Mitarbeitern und Du warst zu jedem Einsatz bereit.

Die Aufzucht und Pflege von verwaisten Tierkindern lag Dir besonders am Herzen und am Abend führtest Du zur Erholung, wenn immer möglich, eines Deiner Antilopenkinder spazieren.

Nach dem Tod meines Vaters wärst Du gern wieder in die Krankenpflege zurückgekehrt, aber das Haus in Günsbach wartete auf Dich und nur Du konntest, dank Deiner langjährigen Verbindungen, die in alle Welt zerstreuten Briefe meines Vaters dort sammeln. Die vielen Besucher, die das Haus jedes Jahr besuchen, sind Dir dankbar für Deinen Empfang, wie auch die Teilnehmer an den jährlichen Johannistreffen und Musikkursen.

Ich hoffe, daß an Deinem Geburtstag, wie in Lambarene, die Choräle "Harre meine Seele" und "Ach bleib mit Deiner Gnade" am Morgen vor Deinem Zimmer gesungen werden und daß Dich zum Frühstück die 2 traditionellen Spiegeleier und ein Gugelhopf erwarten werden.

Mit allen guten Wünschen,
herzlichst
Rhena

Albert Schweitzer und Ali Silver, Lambarene 1965

Albert Schweitzer

Briefe an Ali Silver in Lambarene

---

15. II. 1952
In der Nacht in der Bahn
zwischen Stockholm und Malmö

Liebe Ali, – In Stockholm war es schön, die alten Bekannten wiederzusehen. Die ganzen Tage verflossen in Besuchen und aufeinanderfolgenden Einladungen. In den beiden Tagen hatte ich keine Viertelstunde für mich und musste, wie in Paris, immer unerwartete Reden, die man mir auferlegte, improvisieren.

Die Überreichung der Medaille durch die Königin verlief sehr einfach. Ich kam in ihren Salon um Punkt 12 Uhr, in Begleitung von drei Personen des Vorstandes des Roten Kreuzes. Sie überreichte mir die (Prinz Carl-) Medaille mit freundlichen Worten. – –

Und eine schöne Überraschung erlebte ich; gleich bei meiner Ankunft am Abend des dreizehnten wurde ich in einen Saal, der mit Leuten angefüllt war, geführt. Ohne dass man mir irgend eine Aufklärung gab, wurde ich in einen Sessel im Gang zwischen den Stühlen gesetzt. Gleich gingen die Lichter aus ... und plötzlich war ich in Lambarene ... Der Film der schwedischen Mission fing an zu laufen. Er ist sehr einfach und gut. Als die Antilopen den Kopf herausstreckten, um zu fressen, war Bewegung im Saal. Der Höhepunkt war aber, als Pierrette (Katze) mir, während ich schrieb, den Arm leckte und dazwischen kokett aufsah. Sie spielt wunderbar natürlich –

Nun geht die Reise südwärts, immer südwärts, bis ich wieder bei euch bin ... So ist's. Am 24ten fahre ich von Strasbourg ab nach Bordeaux. Nun ist es lange nach Mitternacht. In dem Wagen, der furchtbar stösst, habe ich nur ganz langsam schreiben können. Nun gute Nacht. Lösche bald die Lampe. Sage den Tieren leise ins Ohr, dass ich zurückkehre, dass sie sich mit mir freuen.

Dein A.S.

Günsbach 31. August 1955

Liebe Ali,

Tausend Dank für deine Zeilen vom 21. August. Emma (Hausskneckt) wird dir von meiner Frankfurter Reise und der "Albert Schweitzer-Siedlung", in der 2500 Wohnungen sind und Raum für über 8000 Menschen, erzählen. In so vielem, was diese Siedlung betrifft, geht man mich um meinen Rat an! Sie wollten lauter Zierbäume in die grossen freien Flächen setzen. Da habe ich gesagt: Ich will auch Obstbäume. Denn den Kindern solle die Wonne, unreifes Obst zu holen und zu essen, nicht unbekannt bleiben.

Gleich haben die Baumeister notiert, dass auch Fruchtbäume gepflanzt werden sollen. – –

Wie schön, dass der Dienst gut läuft.

Dein A.S.

Bordeaux 26.8.59

Liebe Ali. – – Tausend Dank für die Bauberichte. Also ich hätte gedacht, dass die Montage der Aluminiumbaracke in 8 Tagen fertig ist. Und jetzt sollen es 4 Wochen sein. Was die vorläufige Benutzung des Raums dieser case angeht, so bleibt es bei meinem Bescheid: die Hälfte der Plätze für Doctoresse, die Hälfte der Plätze für Catchpool. – –

Also gestern waren wir in Garaison und Lourdes. Es verlief alles sehr gut und in der langen Bahnfahrt war es ein Ausruhen für mich. Und denk: in Bordeaux habe ich jetzt nach langem Suchen den Bau, in dem meine Frau und ich anno 1917 bei der Ankunft in Bordeaux gefangen sassen, entdeckt. Er liegt in der Rue de Belleville Nr. 136. Seine Appellation war "Caserne de passage" (für Militär). Er ist jetzt sehr vernachlässigt und verfallen, aber im wesentlichen noch erhalten. Die Bäume in dem vergitterten Hof, in dem ich auf und ab ging, sind gross geworden. Es hat mich tief bewegt, da wieder auf und abzugehen. – –

Mit lieben Gedanken
dein Albert Schweitzer

15. Dez. 59. Auf General Leclerc

Liebe Ali. – Teneriffa liegt hinter uns. Morgen kommen wir in Dakar an. – – Wir haben, glaube ich, 180 Stück Fracht mit uns! Darunter zwei Pumpen mit langen Schläuchen, die in der Saison sèche *(*Trockenzeit*)* das Wasser aus dem Fluss bis in die Fässer im Garten pumpen sollen. Das ist eine Idee von mir, die aber *(*Ch.*)* Michel und andere Fachleute guthiessen. Alle Medikamente von Specia in Paris sind mit! – –

Die Lage in der Atomsache gibt zu grossen Sorgen Anlass. Amerika scheint noch Versuchs-Explosionen vornehmen zu wollen! weil es meint, dass die Russen bessere Bomben haben als es! Ich habe gestern nach Oslo geschrieben, dass ich daran denke, zwei oder drei neue Radioreden zu halten. – –

Nun fange ich auf dem Schiffe an, mich mit meiner grossen Correspondenz, die sich angesammelt hat, zu beschäftigen. Ich habe keinen Überblick über sie. Und ich habe viele Dankbriefe für auf den Reisen empfangene Freundlichkeit zu schreiben. Dass ich in Belgien so viel Sympathie geniesse, hätte ich nicht erwartet. Auch die Sympathie der Arbeiter in Paris war gross. – Jedenfalls habe ich viel Arbeit für den zweiten Teil der Fahrt. –
Wie ich mich freue, dich wiederzusehen, brauche ich dir nicht zu sagen.

Herzlich dein Albert Schweitzer.

Grüsse alle und teile ihnen mit, was du für gut hältst.

Diese Briefe erscheinen in dem Buch "Albert Schweitzer in seinen Briefen", herausgegeben von H.W. Bähr, Verlag Lambert Schneider, Heidelberg 1984.

( ) *von A. Schweitzer, ( ) vom Herausgeber*

Kapitel I

Aus Holland

Piet Silver, Leusden

Ali Silvers Weg bis 1947

Ali Silver wurde in Enkhuizen in der Provinz Noord-Holland geboren, einem alten Hafenstädtchen am IJsselmeer, wo viele historische Bauwerke an die Blütezeit des Indienhandels erinnern. Dort verbrachte meine Cousine Ali ihre ersten Lebensjahre. Das sehr lebhafte Kind liebte das Wasser und spielte gerne auf den großen Bastelsteinen am Meeresufer.

Als Ali noch sehr jung war, entschloß sich ihr Vater, ein guter Facharbeiter, mit seiner Familie nach Den Haag umzuziehen, um dort selber ein Geschäft anzufangen. So kamen sie, Vater, Mutter, Sytje (die ältere Schwester) und Ali nach Den Haag, wo auch meine Familie wohnte. Wir waren öfters beisammen. Ali war eine gute Schülerin und absolvierte die Oberrealschule ohne Schwierigkeiten. Während ihrer Schulzeit waren sie und ihre Freundin Trix aktive Mitglieder des evangelischen Jugendvereins. Nach dem Abitur entschloß sie sich, Pflegerin zu werden und machte alle Diplome, die man in dieser Ausbildung erwerben kann.

Gegen Ende der Kriegsjahre kam sie ganz unerwartet zu mir und bat mich, ihr zu helfen, um nach Dirksland gehen zu können. Sie hatte gehört, daß dort eine Typhusepidemie mit vielen Kranken sei, und es im kleinen Dorfspital nicht genug Pflegepersonal gäbe. Dirksland ist ein kleines Dorf auf einer der südholländischen Inseln. Als Wasserschutzpolizist war ich in der Lage, ihr diesen Wunsch zu erfüllen. Es war nicht einfach, sie dorthin zu bringen, da die Insel normalerweise nur mit einem besonderen Ausweis der deutschen Militärbesatzung erreicht werden konnte; aber es hat geklappt. Ali fuhr mit ihrem Fahrrad dorthin.

Bald nach dem Krieg, als Indonesien unabhängig wurde, meldete sie sich beim Roten Kreuz, um die Überlebenden der japanischen Konzentrationslager auf ihrer Heimreise mit dem Schiff nach Holland zu betreuen. Insgesamt dreimal fuhr sie auf dem Schiff zwischen Indonesien und Holland hin und her, wobei sie jedesmal 200 Personen zu betreuen hatte, von denen viele an Tuberkulose erkrankt waren oder an Geisteskrankheiten litten. Während sie diese schwere und auch gefahrvolle Arbeit verrichtete, reifte in ihr die Überzeugung, daß es ihre Aufgabe ist, notleidenden Menschen zu helfen. Da erinnerte sie sich plötzlich an Albert Schweitzer, von dem sie seit ihrer Jugend gehört hatte und entschloß sich nach Lambarene zu gehen.

Foppe Oberman, Capelle a. d. IJssel

Wie sie nach Lambarene kam

Ali Silver begegnete ich vor fast vierzig Jahren im Indischen Ozean an Bord des Spitalschiffes "Oranje". Sie war im Dienst des Roten Kreuzes und pflegte kranke, hungernde Überlebende der japanischen Konzentrationslager auf der Reise aus Niederländisch-Indien (Indonesia) nach Holland, nach Hause.

Nach einem Gottesdienst begegneten wir uns: Pflegerinnen und Pfarrer. Sie fragte mich, ob ich Albert Schweitzer persönlich kannte. Als ich "ja" antwortete, sagte sie entschlossen: "Ich will arbeiten in seinem Spital in Lambarene." Ich sagte: "Das wünschen sich viele Pflegerinnen in der ganzen Welt." Ali aber war nicht einzuschüchtern. Also brachte ich sie zu meiner Mutter, die öfters in Lambarene mitarbeitete, und die zwei fanden einander unmittelbar. Via Günsbach, wo Ali von Emmy Martin empfangen und Albert Schweitzer empfohlen wurde, ging sie nach Afrika. Dort wurde sie in kurzer Zeit Schweitzers rechte Hand. Bis zu seinem Tode ist sie das geblieben. Fest und treu.

So steht sie zusammen mit Tony van Leer noch heute im Schweitzerhaus zu Günsbach: fest und treu.

Wenn meine Mutter – von Ali "Mutter Hanna" genannt – heute noch leben würde, sie würde mit Liebe in diesem Buch geschrieben haben.

Aus Dankbarkeit für bewährte Freundschaft möchte ich meine holländische Übersetzung von Rilkes "Herbst" beitragen.

Herbst

Rainer Maria Rilke (1875 - 1926)

Die Blätter fallen, fallen wie von weit
als welkten in den Himmeln ferne Gärten;
sie fallen mit verneinender Gebärde.

Und in den Nächten fällt die schwere Erde
aus allen Sternen in die Einsamkeit.

Wir alle fallen. Diese Hand da fällt.
Und sieh dir andre an: es ist in allen.

Und doch ist Einer, welcher dieses Fallen
unendlich sanft in seinen Händen hält.

– Das Buch der Bilder, Paris 11. 9. 1902 –

Herfst

De blaren vallen, vallen wijd en zijd
als welkten in de hemelen verre gaarden;
zij vallen met ontkennende gebaren.

En in de nachten valt de zware aarde
uit alle sterren in de eenzaamheid.

Wij allen vallen. Deze hand hier valt.
En zie de anderen aan: het is in allen.

En toch is Eén er, die dit vele vallen
oneindig teder in zijn handen houdt.

Foppe Oberman

Annie Oosterbaan-Vissink, Den Haag

Ein Gespräch

Es war 1947, daß ich, während ich in Amsterdam wohnte, plötzlich in ein Krankenhaus in Den Haag aufgenommen werden mußte.

Ich erinnerte mich einer Freundin – Kollegin aus der Zeit, als ich als Krankenschwester in einem Kinderkrankenhaus in Den Haag arbeitete –, deren Name Ali Silver war.

Also bat ich eine Freundin, Ali anzurufen und sie zu bitten, mich zu besuchen.

In der Besuchsstunde kam sie herein, setzte sich ans Fußende meines Bettes; nachdem sie sich nach meiner Gesundheit erkundigt hatte, sagte sie auf einmal: "Annie, sich gehe nach Afrika, ich werde bei Albert Schweitzer arbeiten." Nun hatte ich schon oft gesagt: "Weshalb suchst du doch immer die traurigen Seiten des Lebens?" Es war also kein Wunder, daß ich ihr antwortete: "Was, bist du verrückt geworden? Wirst du dich auf nicht-katholische Art der Gesellschaft entziehen?"

Mit ihrem liebenswürdigen, doch unbeugsamen Lächeln erwiderte sie: "ja", und ich wußte, daß ihr Entschluß wohlerwogen und definitiv war.

Ali Silver und ich erhielten unsere Ausbildung zu Krankenschwestern im Juliana-Kinderkrankenhaus in Den Haag. An einem Abend mußten wir zusammen die Babies versorgen. Unter ihnen war ein sehr krankes Kindchen. Zusammen versuchten wir, dem Bübchen so gut wie möglich zu helfen. Als wir ihn später wiedersahen, sagte Ali: "Ich wollte, daß du uns erzählen könntest, was das beste für dich wäre", und sie fügte hinzu: "Ich möchte, ich würde einmal ernsthaft krank, damit ich wüßte, wie man so einem Kranken helfen kann!"

Auch ohne, daß sie jemals die Erfahrung hatte, wird ihr Herz ihr immer sonnenklar gesagt haben, was getan werden mußte.

Kapitel II

Lambarene

Fréderic Trensz, Strasbourg

Der Weg in Lambarene: Die Helferinnen

Als Albert Schweitzer 1924 nach Lambarene zurückkehrte, war seine Lage denkbar schwierig. Frau Schweitzer hatte ihren Mann nicht mehr begleiten können, sie mußte mit ihrem 5-jährigen Töchterchen in Europa bleiben. Der einzige Helfer war Noël Gillespie, ein schottischer Student, der tüchtig Hand mitanlegte, aber nicht lange bleiben konnte. Zum Glück stellten sich bald neue Mitarbeiter ein.

Die erstc Helferin war Fräulein Mathilde Kottmann, eine geprüfte Hebamme, die am 10. Juli 1924 in Lambarene ankam. An Arbeit fehlte es nicht, denn von weither strömten die Kranken herbei, so daß das Spital sie kaum fassen konnte. Die Gebäude des ersten Spitals, das Albert Schweitzer zwischen 1913 und 1916 errichtet hatte, waren zum großen Teil zerstört. Nur der Mittelbau, eine Wellblechbaracke mit vorstehendem Dach, war einigermaßen erhalten, sie diente als Operationssaal und hatte einen Konsultationsraum. Alle anderen Gebäude mußten neu gebaut werden. Dank der Hilfe von Fräulein Kottmann konnte sich Schweitzer den allernötigsten Bauarbeiten widmen und zunächst etwa 40 Kranke aufnehmen. Fräulein Mathilde hatte nicht nur den Haushalt zu versehen, sie war auch Assistentin im Operationssaal und verantwortlich für die Pflege der Operierten. Bald war sie mit Arbeit überlastet.

Da kam zum Glück im Oktober 1925 eine zweite Helferin, Fräulein Emma Haussknecht, die den Haushalt und die Intendanz übernahm, so daß Fräulein Kottmann Albert Schweitzer bei seiner umfassenden Korrespondenz helfen konnte. Durch die Ankunft von Doktor Victor Nessmann, am 19. Oktober 1924, und Doktor Lauterburg im Frühjahr 1925 entstand ein gut organisiertes Arbeitsteam.

Der Zulauf der Kranken nahm 1925 derartig zu – über 100 Hospitalisierte –, daß Schweitzer daran denken mußte, die durch eine Amöbenruhr gefährdete Missionsstation zu verlassen und ein neues Spital zu bauen.

Die Regierung hatte ihm 3 km stromaufwärts eine Konzession zur Verfügung gestellt. Das Gelände war der Sitz des letzten Galoakönigs, des sogenannten Sonnenkönigs. Es hieß Adolina-Nongo, "der über die Völker hinaus sieht". Ende 1925 wurde es gerodet und ein Gemüsegarten angelegt, um der herrschenden Hungersnot zu steuern und die Kranken mit vitaminreicher Nahrung zu versorgen. Diese Pflanzung wurde 1927 durch Mrs. Russell weiter ausgebaut.

So war die Lage, als ich im Februar 1926 als Assistenzarzt nach Lambarene kam, als Nachfolger von Dr. Nessmann. Wir bildeten eine kleine Familie: Dr. Schweitzer, die zwei Assistenzärzte und die zwei Krankenschwestern. Fräulein Mathilde, hager, zurückhaltend, introvertiert, sehr gütig, pflichttreu und dem Doktor ganz ergeben. Fräulein Emma, mütterlich, rundlich, tierliebend, ganz extrovertiert, voller Vitalität, lachte viel und gern, und sagte ihre Ansichten allen geradeheraus, auch Schweitzer gegenüber, der des öfteren sich von ihrem gesunden Menschenverstand überzeugen ließ und ihr nachgab. Unter uns war die Umgangssprache elsässischer Dialekt, dem sich der Berner Doktor Lauterburg gut anpaßte. Wir mußten dafür sorgen, daß in Andende auf der Missionsstation der Krankenhausbetrieb weiterlief, während auf dem königlichen Gelände von Adolina-Nongo das neue Spital gebaut wurde. Fräulein Kottmann widmete sich immer mehr der umfassenden Korrespondenz, Fräulein Haussknecht versorgte den Haushalt und die Tiere, die mit zu unserer Gemeinschaft gehörten. Trotz der ungeheuren Arbeitsleistung auf dem Bauplatz, sowie in dem übervölkerten Spital, und allen Komplikationen, die ständig unsere Geduld auf die Probe stellten, gab es auch Augenblicke der Entspannung. Da war es zunächst einmal das Mittagessen, das wir gemeinsam im Eßzimmer des Doktorhauses zu uns nahmen. Da war immer Unterhaltung und eine heitere Stimmung. Oft kamen unangemeldet Holzfäller, die auf der Durchreise durch Lambarene gern zu uns kamen, um uns die Neuigkeiten der Ereignisse im Gabon zu überbringen. Wir erlebten heitere Geschichten und waren auch für gute Witze empfänglich. Wir hatten alle das Bedürfnis nach Aufheiterung zwischen den Arbeitsperioden. Die Gäste saßen neben Schweitzer, die Ärzte am Tischende, Fräulein Mathilde und Fräulein Emma gegenüber. Dazu kamen noch, zur Unterhaltung, die das Doktorhaus bewohnenden Tiere. Da war zunächst ein kleines Schimpansenbaby namens Fifi, das Fräulein Emma bemutterte, von ihr den Schoppen bekam und gewickelt wurde. Wenn Fifi aus dem Teller aß, kam es leicht vor, daß ein zweites Äffchen der Hausbewohner, ein "Museau bleu", ein Blaunäschen, das viel behender war als unser hilfloses Fifi, diesem den Teller wegnahm zum allgemeinen Gelächter. Außerdem stolzierte im Eßzimmer eine kleine Zwergantilope herum. Sie war nicht länger als 50 cm und etwa 30 cm hoch, peinlich sauber und sehr interessiert an allem, was hier vorkam. Alle Tiere spielten miteinander, ersetzten uns Theater und Kino. Nach der Nachmittagsarbeit kamen wir wieder zum Abendbrot um 19 Uhr im Doktorzimmer zusammen. Die Stimmung war anders. Wir waren alle sehr müde. Es wurde wenig gesprochen. Nach dem Essen hielt uns Schweitzer eine kleine Andacht, man sang zwei Liederverse, dann zog sich Schweitzer in sein Zimmer zurück an sein Klavier, so ungefähr eineinhalb Stunden, um sich an der Musik zu erbauen. Die Zwergantilope hatte das Vorrecht, neben dem Pedalklavier zu stehen, sie hatte dort ein kleines Sandkistchen und hörte andächtig zu. Wenn sie in die Kiste stieg, hörte Schweitzer mit Spielen auf, bis sie ihr Bedürfnis beendet hatte. Nachdem er ein bis anderthalb Stunden gespielt hatte, erhob er sich, sichtlich erholt und erfrischt und ging an die Nachtarbeit, an das Briefeschreiben. Er hatte neue Kraft geschöpft. Die Korrespondenz zog sich lang in die Nacht hinein, so daß er oft morgens müde und verschlafen zum Frühstück kam. Ein besonderes Ereignis vollzog sich an seinem 52. Geburtstag, am 14. Januar 1927. Während wir am Frühstück saßen, ertönte plötzlich ein furcht-

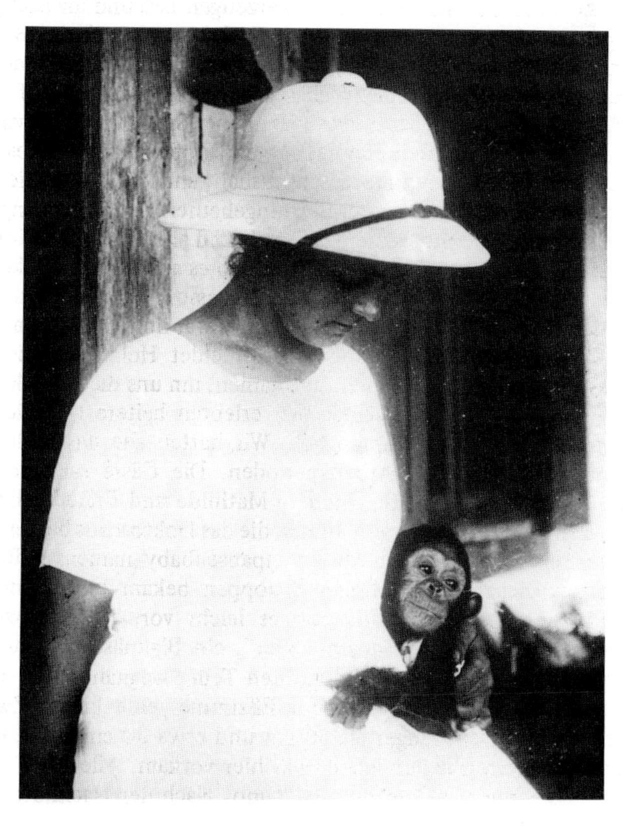

Fifi und Emma Haussknecht

barer Krach auf der Veranda vor dem Eßzimmer. Die Tür ging auf und herein kam der Heilgehilfe Bolingi, einen Ziegenbock an den Hörnern in das Eßzimmer hineinschleppend. Wir mußten lachen und fragten ihn, wie er dazu komme. Nachdem er seine Glückwünsche ausgesprochen hatte, sagte er zu Mathilde: “Du hast mir doch gesagt, ich solle dem Doktor ein Bouquet anbieten.” Da er das Wort “Bouquet” nicht kannte, hatte er es verwechselt mit “bouc” gleich “Bock” und hat also geglaubt, er solle dem Doktor einen Ziegenbock anbieten. Derartige Geschichten kamen oft vor. Es kam auch einmal vor, daß Fräulein Emma bestürzt aus der Küche hereinkam, mit dem Ruf: “Wo ist Fifi?” Wir mußten lachen, denn Fifi hatte sich auf ihrem Rücken festgeklemmt. Sie trug sie oft während der Hausarbeit auf dem Rücken oder in der Seite, ohne es zu merken, ganz automatisch. So konnte es eben vorkommen, daß sie Fifi suchte, obwohl Fifi an ihrem Rücken hing.

Von dem 52jährigen Albert Schweitzer strahlte eine große Kraft, ein unüberwindlicher Optimismus aus, der uns über alle Schwierigkeiten hinweghalf. Bald gesellte sich eine neue Krankenschwester zu uns: Fräulein Martha Lauterburg, Schwester von Dr. Lauterburg, und von da an riß die Folge der treuen Mitarbeiterinnen nicht mehr ab. Ganz besonders erwähnen möchte ich Maria Lagendyjk, eine holländische Hebamme. Sie kam 1938 ins Lambarenespital, das ihr zur zweiten Heimat geworden ist und wo sie bis heute immer noch Dienste leistet. Von unermüdlicher Hilfsbereitschaft, stets gleichbleibend fröhlich, wurde sie zu einem Beispiel herzlicher Nächstenliebe.

Frau Schweitzer konnte leider, in Anbetracht ihrer sehr zarten Gesundheit, nur noch vorübergehend zu ihrem Mann nach Lambarene kommen. Während des zweiten Krieges war sie allerdings von 1940 bis 1946 bei ihm und ein letztes Mal 1956, nachdem Albert Schweitzer den Friedensnobelpreis erhalten hatte. Sie wußte, daß ihr Leben zu Ende ging. Im Mai 1957 wurde sie, schwerkrank, mit dem Flugzeug nach Zürich gebracht, wo sie am 1. Juni starb.

Während des 2.Weltkrieges war Fräulein Haussknecht in Lambarene, Mathilde Kottmann mußte in Europa bleiben und konnte erst 1946 ins Spital zurückkehren.

Im nächsten Jahr, am 20. Oktober 1947, kam aus Holland Fräulein Ali Silver. Unter der Anleitung von Fräulein Haussknecht und Fräulein Kottmann war sie sehr bald auf dem laufenden und konnte während 20 Jahren dem Spital große Dienste leisten. Dr. Schweitzer schätzte ihre Tüchtigkeit und übertrug ihr mehr und mehr Verantwortung. Dies war umso wichtiger, als im Jahre 1956 Emma Haussknecht Lambarene verlassen mußte und bald einer unheilbaren Krankheit zum Opfer fiel.

Als ich 1962 in Lambarene war und bakteriologische Trinkwasseruntersuchungen durchführte, war Mathilde Kottmann weiterhin für die Korrespondenz verantwortlich, Ali Silver aber hatte die Intendanz des gesamten Spitalbetriebs in ihrer Hand (Nahrungsmittelversorgung, Bestellungen, Haushalt,

Hygiene in Zimmern und Arbeitsräumen, Küche usw...). Dr. Schweitzer war damals 87 Jahre alt, er war sehr müde und konnte sich nicht mehr um die täglichen Anliegen des Spitals kümmern. Er war zwar noch überall anwesend, bei den Kranken und auf dem Bauplatz, widmete aber seine Zeit hauptsächlich dem Kampf gegen die Atomgefahr.

Wenn ich abends nach dem Essen zu ihm kam, um zu plaudern, sprach er mir fast ausschließlich von seinem regen Briefwechsel mit den Atomphysikern und der drohenden Gefahr für die Menschheit. Sein historischer Weitblick war realistisch, die Geschichte hat ihm recht gegeben.

Der Tod von Albert Schweitzer am 4. September 1965 brachte für das Spital und die langjährigen Mitarbeiter große Veränderungen. Der Spitalbetrieb wurde neu organisiert, die Arbeit neu verteilt. Mathilde Kottmann mußte 1966 aus Gesundheitsgründen nach Europa zurück. Körper und Geist waren verbraucht nach den langen Jahren aufopfernder Arbeit in tropischem Klima. Sie starb im Elsaß, ihrer Heimat, im Jahre 1974.

Fräulein Ali Silver hielt Ausschau nach einem neuen Wirkungskreis. Père Dominique Pire, ein Freund Albert Schweitzers und wie er Friedensnobelpreisträger, schlug ihr eine neue Tätigkeit in Vietnam vor. Bevor sie aber den endgültigen Entschluß faßte, kam sie zu mir als dem damaligen Präsidenten der "Association de l'Hôpital Albert Schweitzer", um mit mir über ihre Pläne zu sprechen. Es erschien mir sehr unzweckmäßig, eine Kraft wie Ali Silver zu verlieren, sie, die auf allen Gebieten Bescheid wußte und auch an der Korrespondenz Schweitzers einen starken Anteil genommen hatte. Ich wollte sie dem Albert Schweitzer-Werk erhalten und machte ihr den Vorschlag, nach Günsbach überzusiedeln, um dort Frau Martin beizustehen. 1967 kam sie ins Schweitzer-Haus und übernahm die mühevolle Aufgabe, das dort befindliche Schrifttum zu ordnen. In Zusammenarbeit mit den Vertretern des Geistigen Werkes, Prof. Minder, Dr. Baur, Prof. Woytt u.a., hat sie sich in Günsbach zur idealen Leiterin des Archivs entfaltet. Nach dem Tod von Frau Emmy Martin im Jahre 1971 blieb sie in Günsbach und entwickelte, unterstützt von Tony van Leer, eine vielseitige Tätigkeit.

Ali Silver hatte das seltene Glück, in den beiden Wirkungszentren Albert Schweitzers lange Jahre tätig zu sein. Mit der gleichen Energie, mit der sie in Lambarene Verantwortung übernahm, wirkt sie heute im Schweitzer-Haus in Günsbach, dem Zentrum des Geistigen Werkes.

Zu ihrem 70. Geburtstag spreche ich ihr meinen Dank aus für all die geleistete Arbeit, verbunden mit den besten Wünschen. Mögen ihr noch viele Jahre gesegneter Tätigkeit geschenkt sein.

Walter Munz, Wil (Schweiz)

Ali Silver in Lambarene

Wie kann ich Mademoiselle Ali mit ein paar Gedanken und Erinnerungen aus unserer gemeinsamen Lambarene-Zeit gerecht werden? Über sie wäre ein Buch zu füllen, nicht allein über den Grand Docteur und über ein paar andere prägende Gestalten seines Spitals. Denn sie hat während fast 20 Jahren mit ganzer Seele und mit ganzer Kraft teilgenommen an diesem einfachen und doch so vielfältigen Ort Lambarene.

Fräulein Ali wußte unglaublich viel in und über Lambarene, über Albert Schweitzer und über seine zahllosen Freunde in Europa, Amerika und Japan. Sie kannte gründlich alle afrikanischen Angestellten des Krankendorfes – meistens samt ihren Familien – und unzählige Patienten. Sie kannte innen und außen jedes der etwa 70 Häuser des Hauptspitals und des Lepradorfes, kannte jede Kammer, wo Kranke liegen konnten, und jedes Gestell, auf dem die Vorräte lagen.

Am Tag arbeitete Mademoiselle Ali auf den Bauplätzen des Spitals oder in den Pflanzungen, an der Seite des Grand Docteur oder auch allein als dessen Sachwalterin mit einer Gruppe von Schwarzen. Oder sie saß neben Herrn Schweitzer am einfachen Holztisch in der Grande Pharmacie, er über seiner, sie über ihrer Korrespondenz. Nachts verwaltete sie in sorgfältiger persönlicher Art und in unendlicher Kleinarbeit dieses große Krankendorf, war so etwas wie Personalchef der Afrikaner und zugleich weitgehend verantwortlich für den weitläufigen Haushalt des Spitals, Material und Finanzen eingeschlossen. Sie schaffte unaufhörlich und mit zäher Heiterkeit, obgleich sie gewiß oft sehr müde war, wie der große Doktor auch.

Weil Fräulein Ali so tüchtig und belastungsfähig war, intelligent, selbstlos und selbständig zugleich, kam es wohl dahin, daß im Lauf der Jahre viel Verantwortung auf ihren Schultern landete und dort auch blieb. Dabei waren Ali's Schultern von Natur aus schmal und ihre Gestalt eher klein. Sie hatte große blaue Augen, die fröhlich leuchten, aber auch kritisch blicken konnten und manchmal durch alles Gegenwärtig-Alltägliche hindurch auf etwas ruhiges Übergeordnetes zu schauen schienen. Ein bodenständiger elsässischer Holzfäller aus der Umgebung von Lambarene gestand mir einmal, als er wieder bei uns hospitalisiert war, er habe in seinem Leben nie so schöne Augen gesehen, wie die von Fräulein Ali.

Als ich 1964 nach einem ersten Aufenthalt von 2 1/2 Jahren zum zweiten Mal nach Lambarene kam, mit der großen anvertrauten Bürde der ärztlichen Leitung des Spitals, führte Fräulein Ali mich mit viel Geduld ein ins allgemeinere Bescheidwissen um das Werk, denn bis dahin war ich fast nur mit den ärztlichen Bereichen vertraut gewesen. So saß ich manchen Abend bis spät in die Nacht hinein in ihrem Zimmer, am vollbesetzten Schreibtisch, und lernte durch Mademoiselle Ali's Schilderung die große Familie der Albert Schweitzer-Freunde in aller Welt kennen. Ich spürte, wie Ali mit vielen dieser Menschen selbst persönlich verbunden war, mit unzähligen, die als Fragende in Briefen oder persönlichen Begegnungen sich an Albert Schweitzer gewandt hatten, mit anderen, die als Leiter oder Mitglieder von Hilfsvereinen sich in ihren Ländern für das Spital einsetzten, mit Musikern, Philosophen, Ärzten und anderen Leuten, welche Lambarene einmal besucht hatten und von da ab es nie mehr vergessen konnten. Fräulein Ali hatte es – wie Fräulein Mathilde Kottmann – übernommen, Herrn Schweitzer in der Pflege all dieser Freundschaften beizustehen.

Und in welche Einzelheiten des Spitals hat mich Fräulein Ali eingeweiht! Die afrikanischen Mitarbeiter waren mir als Menschen zum großen Teil schon vertraut, aber jetzt lernte ich sie noch von ganz anderen Seiten kennen: Wo und wie wohnten sie? Für wie viele Kinder, vielleicht auch für wie viele Frauen hatten sie zu sorgen? Wie wurden sie entlöhnt, wie und wie oft mit Geld, wie mit nützlichen Naturalgaben? Und wie wurden die vielen Teilarbeiter im Spital vergütet, die halbgenesenen und doch noch behandlungsbedürftigen Patienten des Lepradorfes? Was war gerechterweise den Gardiens zu geben, also den gesunden Begleitern ihrer kranken Angehörigen, die im Spital mitschafften in Küche, Garten, Werkstatt, Bauplatz oder Pflanzung? Und wie hatten wir mit der sozialen Fürsorge des jungen Staates Gabun zusammenzuarbeiten, auf welche Weise die Rechnungen an die europäischen Holzhändler zu stellen, wenn ihre afrikanischen Arbeiter wegen Krankheit oder Unfall hatten behandelt werden müssen? Das soziale System im alten Lambarenespital war kompliziert und glich nicht den heutigen Normen; es war aber mit viel Erfahrung, Sorgfalt und menschlicher Rücksicht auf seine Weise sehr gut geordnet. Das alles war zum großen Teil Fräulein Ali's nächtliche Arbeit.

Während unserer Abendgespräche über solche Fragen regte sich unter Ali's Schreibtisch von Zeit zu Zeit die kranke Antilope, die dort lagerte und gepflegt wurde, und sie erhielt dann von Ali einen freundlichen Zuspruch.

Von außen drang das Rauschen der windbewegten Palmen zu uns herein oder der Sturm vor einem großen Tornado brachte die weißen Vorhänge hinter dem Moskitogitter von Fensterwand und Türe zum Flattern – oder der vielstimmige Gesang der Zikaden oder das trockene Bellen der fliegenden Hunde in den Kronen der Mangobäume war um uns. Wir hielten dann gelegentlich inne mit unseren Gesprächen und lauschten miteinander auf die Geräusche und Stimmen der Nacht und ließen sie tief auf uns wirken.

Nicht selten kam spät abends noch eine Krankenschwester oder die Hausbeamtin vorbei und suchte eine Anregung, wie ein Geburtstagsfest schön gestaltet werden könnte oder wie eine persönliche Sorge zu lösen sei, oder ein Schwarzer kam und klopfte an die Tür und begleitete sein Klopfen lautmalerisch mit dem freundlichen Ruf: Cococo. Es konnte der Geißenhirt Madouma Philemon sein, der mit überschwenglicher und unverhältnismäßig lauter Rede berichtete, er habe die vermißten zwei Ziegen doch noch gefunden, die Herde sei wieder vollzählig unter Dach – und eigentlich würde er dafür ein kleines Geschenk verdient haben. Fräulein Ali pflegte ihm dann zu danken und schenkte ihm vielleicht eine Seife oder sagte auch nur, er sei wirklich ein guter Ziegenhirt, worauf Madouma zufrieden war und sich breit lachend und mit einem lauten "oui oui oui oui" und mit einer Verbeugung verabschiedete. Oder es kam der kleine alte Santschou, der noch einen Schlüssel brachte, nachdem er an diesem Abend die Küche später als sonst hatte abschließen können. Oder der brave einäugige Koch Migoungi kam entrüstet zum Klagen, daß seine Frau Mitendi Antoinette zu dieser späten Stunde wieder im Haus von Zama sei statt zu Hause, und daß Mademoiselle Ali am Morgen mit Zama und Antoinette reden müsse: "Il faut les conseiller tous les deux, parceque c'est trop trop chaud avec leur et ça ne va plus!" Und Fräulein Ali versprach auch Migoungi das Nötige für den morgigen Tag. –

Am Tag zeigte mir Ali, wie die Wellblechdächer der Häuser gepflegt werden mußten, wo die Besen und Pinsel und Farben dafür aufbewahrt waren, wie und in welcher Jahreszeit die Dachtraufen und Wasserreservoirs und die Schlammlöcher und die zentrale Zisterne des Spitals gesäubert werden mußten, damit das Wasser in der Regenzeit sauber aufgefangen und gespeichert werden und während der ganzen Trockenzeit genügen könne. Für solche Arbeiten war der Spitalmaler Objange Paulin, ein geheilter Lepröser, zuständig.

Über die Versorgung der vielen Spitaltiere lernte ich, wie Madouma mit seinem Hirtenknecht Josef in den Ställen der etwa 160 Ziegen und Schafe Ordnung zu halten hatte: Am Montag mußte er den vorderen, am Dienstag den hinteren Teil des Ziegenstalles misten, am Mittwoch den Stall der Böcke, am Donnerstag die einen, am Freitag die anderen Ställe der weiblichen Schafe putzen. Ich mußte lernen und mitwissen, daß an sonnigen Tagen die Tiere um 06.30 Uhr auszulassen waren, an Regentagen aber zurückbehalten werden mußten, bis die Sonne wieder schien, und daß die Herde an den kühleren Morgen der Trockenzeit erst um 08.30 Uhr auf den Hof hinaus rennen durfte. Fräulein Ali zeigte mir die häufigsten Krankheiten der Tiere und wie sie zu behandeln waren. Ich sah die Tierküche, wo aus altem Reis und Palmöl die Suppe für die Hunde zubereitet wurde, aus Taro und Küchenabfällen das Futter für die Schweine. Simesani Edouard und Moussiali waren die Tierköche.

Ich lernte Einteilung und Ordnung der Ställe für die kranken Tiere kennen, denn Tierpatienten wurden in Lambarene ebenso zur Behandlung aufgenommen wie kranke Menschen. Ali zeigte mir die kleine und doch so wichtige Baumschule, wo unter anderen die Setzlinge von Orangen- und Grapefruitbäumen aus durchlöcherten Blechbüchsen wuchsen, neben den sorgfältig angelegten Abfallgruben. Herr Schweitzer sagte: "Die Kultur beginnt mit dem Misthaufen" – wo nämlich Menschen seßhaft sich einrichten – und also wurden in Lambarene auch die Misthaufen gut gepflegt.

Wir besuchten auch den zweistöckigen Spitalgarten am Flußufer. Der untere Teil, welcher Regenzeitgarten hieß, war märchenhaft fruchtbar, weil er vom Ogowe mit seinem Schlamm bei jedem Hochwasser überschwemmt und gedüngt wurde. Dort waren die schnellwachsenden Gemüse angesiedelt: Bohnen, Gurken und Melonen, Rüben, Tomaten, Salate und Blumenkohl, während im oberen Garten, der zwar die großen tropischen Regengüsse auch empfing, aber nie vom Fluß überschwemmt wurde, eher die Zitronenmelisse und manche Gewürzpflanzen wuchsen; dort wurden auch die Gemüse für den Regenzeitgarten schon während der trockenen Jahreszeit aus den Samen gezogen, piquiert, um dann zur rechten Zeit als schöne Setzlinge in den unteren Garten verpflanzt zu werden. Dieser mußte jedoch nach dem Zurückweichen der braunen Flut zuerst gründlich vorbereitet werden, denn viele Wasserpflanzen hatten sich jeweils angesiedelt; dichte Knöterich-Gestrüppe mußten jeweils ausgerissen und verbrannt werden, und dann erst folgte das Hacken und Pflanzen. Der ausgedehnte Spitalgarten brauchte außerordentlich viel Kraft und Ausdauer von seiten seiner Betreuer. Sie hießen Bouka Dominique, Evounge Paul und Laurent, und sie hatten alle ihre Wohnhäuschen im Garten. Regelmäßig halfen ihnen die zwanzig bis dreißig geisteskranken Spitalpatienten unter Aufsicht der tüchtigen weißen Krankenschwester.

Fräulein Ali zeigte mir, wo die Rollen von Drahtgitter aufbewahrt waren und wie sie sachgerecht und einfach am Anfang jeder Trockenzeit wieder schützend um den Regenzeitgarten aufgestellt werden mußten. Sie führte mich zu den Lagerräumen dieser Drahtnetze, die "Grillages" genannt wurden und jeweils in Mülhausen nachbestellt werden mußten. Ich sah auch die Haufen schadhafter, aber noch reparaturfähiger Drahtgitter, welche nicht fortgeworfen werden durften, sondern auf dem Hof vor dem Doktorhaus von den Gardiens wieder zurechtgebogen und geflickt wurden. Ich mußte wissen, wo die gesiebte Asche zum Düngen lag und wo die Regenfässer, Gießkannen, Bohnenstickel und Samenreserven waren.

Weil auch die Kinder der Nachbardörfer an den Früchten Interesse hatten, mußte man lernen – und die entsprechende Ernte-Equipe bereithalten –, daß von Weihnacht bis Februar die schönen und begehrten Mangoustan-Früchte reif waren, im April die Mandarinen, im Mai die Orangen, im Juni die Pampelmusen, von Januar bis Mai die Pommes de citheres, von Mitte Oktober bis Dezember die Mangos. Von Mai bis Juni reifte der Ananas, den wir nie pflanzen mußten, da er im Wald als einzige einheimische Fruchtpflanze von selber wuchs und weil die Afrikaner ihn in großen Mengen auf den Spitalmarkt brachten. Das ganze Jahr hindurch reiften übrigens die Zitronen, Caramboles und Papayas. Ali erzählte und zeigte, daß die Pampelmusen jeweils erst am Nachmittag gepflückt werden durften, weil sie am Morgen noch zu feucht waren vom nächtlichen Tau, und daß man diese Früchte mit einer Vaseline aus der Apotheke einreiben und sie einschichtig lagern mußte, alle Stiele nach oben und mit kleinem Zwischenraum von Frucht zu Frucht.

Ali führte mich zu den Textil- und Holz- und Lebensmittelbeständen, zu den Lagern von Werkzeugen, Nägeln, Schrauben und Sturmlaternen, zu den Reserven von Leder- und Haushaltartikeln, Pfannen, Metalleimern, Schläuchen und Ketten, dann zu den Benzinfässern und Seifen ... Lambarene war wirklich eine kleine Welt für sich, ein selbständiges, vielseitiges Dorf auf einer kleinen Lichtung im riesigen Urwald.

Irgendwo muß ich aufhören und bin doch eigentlich noch lange nicht am Ende des Erzählens, wo überall Fräulein Ali sorgte, Bescheid wußte und half. Und dabei kann ich über Ali's erste Lambarenejahre, als sie hauptsächlich Krankenschwester war, nichts berichten, weil ich damals noch nicht dabei war.

Albert Schweitzer und Ali Silver mit Anita in der Pharmacie (Foto: Erica Anderson)

Als im September 1965, in seinem 90. Lebensjahr und 52 Jahre nach seiner ersten Ankunft in Lambarene, der Grosse Doktor seine Augen schloß, hat Fräulein Ali bald danach das Spital auch verlassen. Sie war der hervorragenden alten Zeit und ihrem Erbe verpflichtet, und die Bemühungen der Nachfolger, das alte feine Spital mit seinem großen Dienst an den Menschen in die neue Zeit hinüberzuführen, war nicht mehr Ali's Anliegen. Sie ging nach Europa zurück und wurde in Günsbach die treue Bewahrerin des Doktorhauses, mit allem, was darin weiterwirkt vom Denken und Schaffen des großen Mannes.

Stellvertretend für viele schwarze und weiße Menschen in Lambarene – Patienten und Mitarbeiter – möchte ich Fräulein Ali Silver zu ihrem 70. Geburtstag herzlich gratulieren und ihr weiterhin Gottes Liebe und seinen Segen wünschen. Albert Schweitzer würde ihr zu diesem Tag eine fröhliche und zu Herzen gehende Geburtstagsrede halten und diese wahrscheinlich so abschließen: "Liebe Ali – tausend Dank!"

Das treue und dankbare Gedenken der Afrikaner, bei denen Fräulein Ali in bester Erinnerung geblieben ist, sei hier in ihren eigenen, oft singenden Worten des Dankes angedeutet:

ABORA	–	in der Sprache der Fang
DIBOTJE	–	bei den Bapounou
BUEDI	–	bei den Pandzabi
AKEWA	–	bei den Galoa

Da dieses ganze Büchlein ein Dank an Ali sein möchte und darum AKEWA heißt, und da die Galoa-Leute der ursprüngliche Stamm von Lambarene sind, sei der Dank in der Sprache der Galoa noch etwas ausführlicher gesungen:

"AH MAMSEL ALI – AKEWA POLO !" – "liebes Fräulein Ali – vielen großen Dank!"

Tony van Leer, Günsbach

Gemeinsame Zeit in Lambarene

Die erste Bekanntschaft mit Ali Silver war im Sommer 1951, als sie zu mir kam in Holland, um mich zu mustern, ob ich wohl geeignet sei als Pflegerin für Lambarene. Sie sprach damals mit soviel Liebe und Begeisterung über das Leben und die Arbeit dort, daß ich eine große Vorfreude spürte auf ein dort Tätigsein.

Wie sehr sie ergriffen war vom Wirken Albert Schweitzers und wie groß ihre Opferbereitschaft für sein Werk war, hab ich dann in Lambarene miterlebt.

Ein ständiges Dasein für jeden, der ihre Hilfe oder ihren Rat benötigte. Sogar am Abend nach der Arbeit im Spital gab es keine Ruhe und Entspannung für sie – nein, dann half sie mit, die Korrespondenz des Doktors zu erledigen, oft bis tief in die Nacht hinein. Aber nicht nur für die Menschen war sie immer da, auch den Tieren war sie eine treue Pflegemutter; ob es nun die vielen Ziegen und Schafe waren, die sie allmorgendlich kontrollierte und versorgte, oder eine junge Antilope, die sie in ihrem Zimmer großzog, oder ein Hündchen, das sie schwerkrank, völlig vewahrlost und mit Konvulsionen in einem Dorf fand. Lange Zeit trug sie es immer mit sich herum, bis es wieder geheilt und fröhlich herumspringen konnte. Als Andenken an seinen ehemaligen traurigen Zustand hatte es den Namen "Miserele" erhalten.

Wie köstlich war es, wenn man abends zu ihr ins Zimmer kam und sie am Schreibtisch saß, wo sie beim Licht der Petroleumlampe dabei war, einen Stoß Briefe zu beantworten. Zu ihren Füßen lag der Hund Caramba, während in einer Ecke des Zimmers ein winziges Antilopenkind und ein kleines schwarzes Lämmlein in einer Kiste lagen; beide wurden noch mit der Flasche großgezogen. Ab und zu packte es die Tiere und sie wollten sich amüsieren, dann jagten sie wie wild durch das Zimmer, sprangen um die Tischbeine und Hocker herum, um kurz nachher sich wieder alle an ihren Platz zu legen und zu schlafen.

Es war gut, mit ihr als Kollegin zusammenzuarbeiten – immer bereit, einzuspringen, wo Hilfe nötig war, und großartig im Organisieren. Zum Beispiel: Eines Abends kam gegen 11 Uhr die Nachricht, es sei an der anderen Seite vom Fluß ein großer Lastwagen mit fast 60 Menschen in eine Schlucht gestürzt, man brauche dringend Hilfe. Ein Arzt und einige Pfleger mit Verbandsmaterial fuhren mit dem Motorboot der Gendarmerie hinüber, um an Ort und Stelle erste Hilfe zu leisten. Im Spital aber mußte alles vorbereitet werden, um eventuell viele Verletzte versorgen und unterbringen zu können. Das Spital war zu der Zeit gut besetzt; viel freie Betten gab es nicht. Ali Silver ließ alle Pfleger zusammenrufen, überlegte mit ihnen, wer wo Platz machen könnte für Verwundete, falls nötig. Alles wurde ganz genau besprochen, so daß jeder Pfleger wußte, was er zu tun hätte, wenn die Leute gebracht würden. Aber bis dann durfte noch keine Unruhe bei den Spitalpatienten sein. Sie mußten so lange wie möglich ruhig schlafen können. Im Operationssaal ließ sie alles vorbereiten und die Instrumente auskochen, so daß gleichzeitig zwei Operationen durchgeführt werden konnten. In den Konsultationsräumen wurden Tische und Verbandsmaterial bereitgestellt, damit man mehrere Verwundete zur selben Zeit behandeln konnte. Innerhalb kürzester Zeit war alles fertig, um eine große Anzahl Patienten aufnehmen zu können.

Glücklicherweise gab es nicht so viele Verletzte wie man erwartete, aber alles war bestens organisiert.

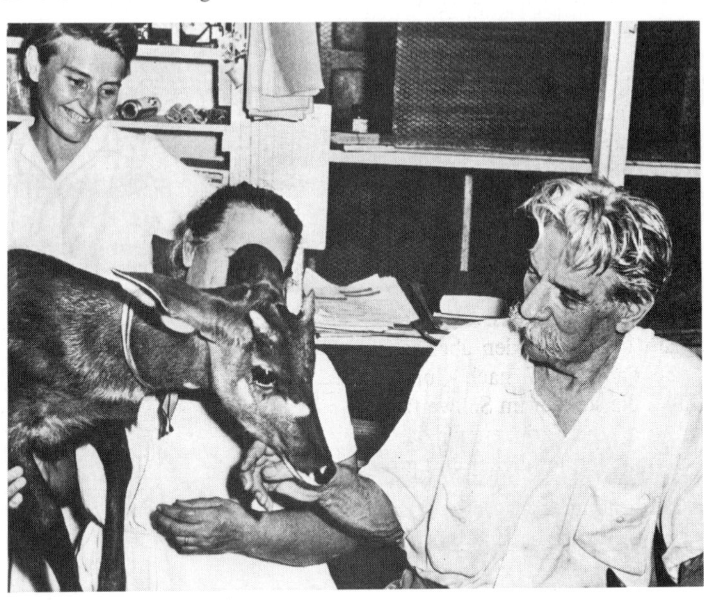

(Foto: Erica Anderson)

Auch in anderen unerwarteten Situationen wußte sie immer eine Lösung zu finden. Während eines Europaaufenthaltes Dr. Schweitzers mußte sie die Verantwortung für das Spital übernehmen. Fürwahr keine leichte Aufgabe! Gerade in dieser Zeit geschah es, daß eines Nachts in einen der Vorratsräume eingebrochen wurde. Was tun?? Es war in dem Moment, als man im Spital den ersten Röntgenapparat installiert hatte. Da hatte sie eine ganz gelungene Idee. Sie ließ das ganze Personal zusammenkommen im Hof vor Dr. Schweitzers Zimmer und erzählte der versammelten Schar, was geschehen sei. Sagte ihnen auch, wie traurig sie sei, daß gerade so etwas passierte, wo der Doktor in Europa sei, und fügte hinzu: "Die Sachen müssen zurückkommen, ich brauche überhaupt nicht zu wissen, wer es war, der sie wegnahm. Aber morgen früh müssen sie wieder auf der Veranda vor dem Zimmer des Grand Docteur stehen, wenn nicht, dann müßt ihr alle vor den Röntgen-Apparat. Der Täter wird unverkennbar sein, denn bei dem findet der Arzt einen schwarzen Flecken auf dem Herzen!"

Alle gingen nach dieser Ansprache wieder an ihre Arbeit. Am nächsten Morgen aber standen die Sachen wieder auf der Veranda, es fehlte nichts!

In den Jahren 1960 – 1965 arbeitete sie nicht mehr als Pflegerin, sondern assistierte Dr. Schweitzer, der sehr müde war, bei all seiner Arbeit: bei der Buchführung, der Korrespondenz, den Steuersachen, es wurde bis tief in die Nacht hinein geschafft. Aber auch als Übersetzerin mußte sie sich öfters betätigen. Beim Bauen war sie viel dabei und legte Hand mit an. Zeit für Entspannung gab es nicht für sie. Sogar in den Mittagspausen, wenn jeder eine Siesta halten mußte (in dem heißen feuchten Klima eine Notwendigkeit), kamen immer wieder schwarze oder weiße Mitarbeiter zu ihr, um Probleme zu besprechen. Es kam vor, daß sie sich vor Müdigkeit verstecken mußte und Siesta machte im Lagerraum für Verbandsachen, sich dort auf den Ballots mit gestrickten Binden hinlegte, um sich ein wenig auszuruhen.

Die letzten 12 Jahre ihres 20-jährigen Aufenthalts hat sie sogar auf Ferien verzichtet, um den Doktor in seiner großen Müdigkeit nicht alleine zu lassen.

Durch die intensive Zusammenarbeit mit Dr. Schweitzer war sie völlig auf dem laufenden über seine Arbeit, Korrespondenz, Bücher u.s.w.. Als sie dann 1967 nach Gunsbach kam, war sie gut vorbereitet für die Aufgabe, die sie hier im Schweitzer-Haus erwartete: den Aufbau des Zentral-Archivs und die Tätigkeit für das Geistige Werk Albert Schweitzers, für das sie sich noch immer täglich mit großer Hingabe einsetzt.

Hermann Mai, Münster (BRD)

Meine erste Begegnung mit Ali Silver

Vor bald drei Jahrzehnten landete ich mit einem kleinen Flugzeug auf dem holprigen Grasfeld, eine knappe Gehstunde vom Ogowe entfernt. Das winzige amtliche Gebäude dieses "Flughafens" sah nicht anders aus, als viele Hütten in den Dörfern aus Bambuswänden mit einem Blätterdach.

Die Flugstrecke war weit, denn nicht von Libreville, wie heute, sondern von Brazzaville am Kongo aus mußte man damals nach einer Tagesreise mit vielen langen Zwischenlandungen das Flugfeld Lambarene erreichen.

Zu beklommenen Zweifeln, wie ich wohl zum Albert-Schweitzer-Spital gelangen könne, hatte ich wenig Zeit. Denn kaum angekommen, sehe ich eine zierliche Gestalt auf mich zukommen, weiß gekleidet, auf dem Kopf einen tief in den Nacken reichenden Tropenhelm. Aber wie merkwürdig! Einen weiteren gleichartigen Helm hielt sie in der Hand. Diesen reichte sie mir unverzüglich entgegen, sagte mit heller Stimme, sie hieße Ali Silver und solle mich im Namen Albert Schweitzers bewillkommnen. Er ließe mir sagen, er erwarte mich am Ufer seines Spitals, doch sofort solle ich diese Kopfbedeckung aufsetzen - damit reichte sie mir jenen zweiten Tropenhelm.

Das war meine erste Begegnung mit Ali. Vom ersten Augenblick an spürte ich ihren Herzschlag. Kontakt zu ihr mußte ich nicht suchen. Schon die strahlend blauen Augen verraten den Liebreiz, der dem Fremden gilt. Jedes Wort bezeugt die Wärme, die in ihrem Inneren wohnt.

So ging der Weg zum Fluß an jenem sehr heißen Februartag höchst erfreulich vonstatten. Dort wartete am Ufer ein langes Boot auf uns. 4 bis 5 Afrikaner fanden wir darin in lebhaftem Gespräch. Wir bestiegen dieses schwankende Gefährt. Es gab sogar zwei Sitzbretter. Für mich hatte Ali überdies irgendeine weiche Lage gebreitet. Gewiß vermutete sie in mir einen überverwöhnten Großstädter.

Nach ein paar kurzen Anweisungen Alis begann die Flußreise. Obwohl sie, in Fahrtrichtung vor mir sitzend, den am Bug stehenden Ruderer ständig im Blick behielt, erklärte sie mir all' die vielen Neuigkeiten, die ein erstes Mal sich wahrhaft wunderbar darbieten: der mächtige Wuchs der weit über das Wasser hängenden Bäume, erstaunliche Vögel, die herrliche Farbenpracht vieler Blüten, vorübergleitende Kanus. Alles erklärte mir meine gute Führerin. Auch sagte sie mir bei der ersten Begegnung mit dunklem Treibholz, es sei weder ein Krokodil noch ein Flußpferd. Sicher haben ihre Augen dabei schelmisch gezwinkert – sehen konnte ich sie ja von hinten nicht.

Einiges versuchte ich freilich selbst zu ergründen. Warum führen die Ruderer das Boot so dicht am Ufer entlang, daß wir uns alle bisweilen der nahen Äste wegen niederbeugen mußten? Das erklärte mir Ali nicht. Sie ahnte vielleicht, es würde mir bald selber begreiflich. Und wirklich: nach einer guten Strecke mußte der Fluß überquert werden. Unverzüglich fiel das Boot in der starken Strömung wieder weit zurück, so sehr auch die Männer sich im Takt zurufend oder singend in die Ruder legten. Nun wußte ich, warum man auf dem Weg ans andere Ufer erst in der geringen Strömung nahe dem Ufer an Strecke gewinnen muß, um die rechte Stelle weit drüben zu erreichen!

Auf etwas anderes machte mich Ali aber schon frühzeitig aufmerksam. Ich sah längst, daß den Männern Bäche von Schweiß über die nackten Oberkörper liefen. Haben sie denn keinen Durst?, dachte ich bei mir. Ali ahnte meine Gedanken vielleicht und riet mir, aufzupassen, ob und wo die Männer trinken würden. Kaum in der Mitte des breiten Ogowe angekommen, begannen sie alle mit den Händen Wasser zu schöpfen und tüchtig ihren Flüssigkeitshaushalt wieder auszugleichen. „Sehen Sie", sagte mir meine Führerin, „im fast stehenden Gewässer in Ufernähe ist das Wasser voller gefährlicher Keime. Aber in dieser kräftigen Strömung kann man es sorglos zu sich nehmen. Das wissen diese Männer ganz genau."

Dabei entdeckte ich, daß diese Ruderer verkrüppelte, verkürzte, fehlgebildete Finger hatten. Nun war meine gute Ali wieder an der Reihe, mir Neues vor Augen zu führen. „ Für den Verkehr zum und vom Spital werden fast nur Wasserwege benutzt." (Brücken über den Riesenstrom gab es damals noch nicht.) „Auch die Kranken", fuhr Ali fort, „benutzen selbstgeschaffene Einbäume." Nach einer Pause setzte Ali hinzu: „Wenn wir einen Gast erwarten und abholen, dann wählt Herr Dr. Schweitzer ein großes Boot und bestimmt die Rudermannschaft. Diese hier sind geheilte Lepröse aus seinem Lepradorf. Dabei bedeutet die Heilung, daß sie nicht mehr für andere ansteckend sind und ihr eigener Krankheitsvorgang zum Stillstand gelangt ist. Verkrüppelte oder fehlende Glieder freilich wachsen nicht mehr nach. Aber gerne übernehmen diese sonst kräftigen Männer Arbeiten im Spital für den Doktor, und heute läßt er Sie durch diese seine Helfer abholen."

Mit solchen und vielen weiteren Eindrücken war ich in eine mir völlig neue Welt eingetaucht. Ali Silver hat sie mir in kluger, einfühlsamer Art erklärt, dazu immer heiter und voller Verständnis für den Neuling.

Die bedeutsame Unterhaltung mit ihr war so rege, daß ich kaum bemerkte, wie lange diese Fahrt über den breiten Strom schon dauerte, fast eine Stunde.

Doch nun begannen die schwarzen Ruderer plötzlich ein besonderes Rufen – oder war es ein Gesang? Erst später erfuhr ich, dies sei ein Signal für die Annäherung an das erstrebte Ufer.

Nicht lange – und wir waren am Ziel. Wir stiegen aus. Doch wie soll ich meine Überraschung beschreiben?

Hier standen am Ufer dicht am Wasser Albert Schweitzer mit seiner Frau. Sie begrüßten mich in schlichter Art, aber großer Herzlichkeit. Wie lange mochten sie wohl hier in der Sonne schon gewartet haben? Erst viel später klärte sich mir das Geheimnis auf, warum Schweitzer ausnahmslos pünktlich am Ufer erschien, wenn er Besuch erwartete. Seine schlauen Ruderer signalisierten ihm exakt zum richtigen Zeitpunkt durch ihren Gesang, wenn er sich von seinem Platz im Spital zum Ufer in Bewegung setzen müsse. Deshalb ist Schweitzer auch in dieser Situation stets genau im rechten Zeitpunkt zum Empfang eines Ankömmlings am Flußufer erschienen.

Damit aber war die Mission meiner guten Führerin mir gegenüber noch nicht ganz beendet. Mit dem Ehepaar Schweitzer war auch eine Schar weißgekleideter junger Menschen erschienen. Ich weiß heute nicht mehr, ob mir Ali oder der Hausherr oder seine Frau alle diese Persönlichkeiten vorgestellt hat. Ich erinnere mich nur noch, daß der Doktor eine liebenswürdige, freundliche junge Schweizerin zu meiner persönlichen Betreuung zugeteilt hat. Im ersten Moment hat ein Fremdling eine solche Hilfe gewiß nötig und ist dankbar dafür.

Nicht lange später fand ich mich im großen Speiseraum des Spitals („salle à manger") zum Abendbrot. Doch nein, nicht Brot allein, es gab viele mir unbekannte Köstlichkeiten, fast ausschließlich im Lande gewachsen und mit besonderem Geschick äußerst schmackhaft zubereitet.

Am langen Tisch wurde mir der Platz dem Ehepaar Schweitzer gegenüber zugewiesen. Daneben fand ich die mir nun schon ganz vertraute Ali, die mir weiterhin viele Einzelheiten erklärte. Die besonderen Leckerbissen bekam ein Gast vom Hausherrn selbst über den Tisch geschoben, bisweilen auch von Mathilde Kottmann, der ältesten Helferin des Doktors, damals schon an die 30 Jahre an seiner Seite.

So lebhaft mir diese ersten Eindrücke noch vor Augen stehen, so erlebte ich sie doch ein wenig märchenhaft. Sie verschwimmen mit vielen weiteren Bildern, Erlebnissen und Erfahrungen späterer Jahre an Schweitzers Tisch, seinen morgendlichen Grußworten und seinen tiefgehenden Abendandachten.

Ali Silver und Dr. Takahashi

Die getreue Ali aber traf man stets in der Nähe dieses pausenlos tätigen Mannes, immer sofort hilfreich bei aller Zurückhaltung, immer zur Hand bei aller Bescheidenheit. Tätigkeit im Operationssaal, Besuche von Kranken, nicht weniger aber Hand- und Bauarbeiten aller Art führte der große Mann aus – Ali ihm immer nahe. Mit dem Hammer konnte sie ebenso umgehen wie mit einer Kelle bei der Herstellung von Zementsteinen. Im Entbindungsraum der Gebärenden konnte man die unermüdlich Fleißige ebenso antreffen wie am Schreibtisch neben dem Doktor, wenn er mit seinem unermeßlichen Briefwechsel befaßt war. Auch dort war sie vorbereitend, ordnend sinnvoll tätig, nicht ohne auch einmal ein „Antilöpeli" zu streicheln, das zu Schweitzers Füßen unter dem Schreibtisch lag.

Einmal hat die Ali mich während jenes ersten Aufenthalts dabei überrascht, als ich gerade ein soeben geborenes Baby gebadet habe, und später erneut, als ich einem anderen Kinde, dessen Mutter gestorben war, auf meinem Arm ein Fläschchen zu trinken reichte.

Diese Beobachtung meldete Ali bei der nächsten Mahlzeit dem grand docteur. "Den b'halte mer", war seine lakonische, aber inhaltsschwere Antwort im Elsässer-Deutsch. Für mich war das kein Scherzwort, denn was ich schon jenes erste Mal an tiefgehenden Eindrücken von seinem Denken und Handeln, seinem Spital und dessen Helfern empfing, hat sicherlich eine Bindung hergestellt und gefestigt, die mein weiteres Leben sehr wesentlich gestaltet hat.

Das letzte Erlebnis auf afrikanischem Boden sei noch nachgetragen, Viele Jahre war es mir geglückt, meinen Geburtstag geheimzuhalten. Ich lasse mich nicht gerne feiern.

Lange Jahre später, als wir den 90. Geburtstag Albert Schweitzers vorbereiteten, hatte Ali offenbar meinen Geburtstagstermin doch ermittelt. Aber sie ist feinfühlig genug, um meine Abneigung zu achten. In aller Frühe eilte sie auf mich zu, gab mir einen Kuß und verschwand wortlos. Niemand hat es gesehen und erfahren. Für mich aber war es – weit von meiner Familie entfernt – ein guter Gruß.

Seither, liebe, verehrte Ali, begegnen wir uns nicht mehr in Afrika, wo ich noch einige Jahre kinderärztlich tätig sein durfte, wohl aber im vertrauten Günsbach, wo Sie eine unendlich wichtige und segensreiche Arbeit tun.

Wenn Sie jetzt das 7. Lebensjahrzehnt beenden, so denken Sie an den großen Mann in Lambarene, dessen 9. Jahrzehnt wir dort am 14. Januar 1965 miteinander gefeiert haben.

Möge Gott Ihnen eine ähnliche Kraft schenken!

Albert Nyama, Gabon

La dame tout de blanc vêtue et son trousseau de clés

A l' école, on nous apprenait qu' au Paradis il y avait un Monsieur avec une longue barbe blanche. Il avait pour mission d' ouvrir la porte du Paradis pour laisser entrer les Saints au Royaume de Dieu. Un détail le prouvait d' ailleurs, il portait un énorme trousseau de grosses clés, accroché à sa ceinture.

A l' hôpital Schweitzer, j' ai connu, quand j' étais tout petit garçon, une belle dame tout de blanc vêtue, qui la tête protégée des chauds et dangereux rayons du soleil d' Equateur par un casque colonial immaculé, se déplaçait dans tout l' Etablissement hospitalier avec un gros trousseau de clés. C' était en quelque sorte la «Saint Pierre» sans qui, aucune porte, aucun portail, ne pouvait s' ouvrir.

Imaginez d' ici, le désarroi des médecins, des infirmières, des employés, lorsqu' on avait besoin de quelque chose et que l' on trouvait la porte fermée et Mademoiselle Ali – c' était son nom, on pouvait le lire inscrit sur son tablier – introuvable.

Dans cette situation que faire? Il y a toujours quelqu' un de disponible dans l' hôpital, notamment des enfants prêts à rendre service. Celui qui cherchait une clé, n' avait qu' à poser cette question:

– Où est Mademoiselle Ali?

Aussitôt des voix répondaient:

– Elle est en haut (contraire du bas, l' hôpital étant construit sur une colline)

Ou:

– Elle est à la case ration.

– Non, elle est au débarcadère.

– Moi, je l' ai vue qui se dirigeait vers le Cimetière.

– Je viens de lui dire bonjour, et elle descendait vers la pharmacie ...

Et chacun d' indiquer la direction où il a vu, rencontré ou entrevu Mademoiselle Ali.

Dame alerte, infatigable, elle arpentait l' hôpital dans tous les sens, surveillant d' un œil vigilant et souvent sévère si tout marchait comme le voulait le Grand Docteur. Combien a-t-elle fait de kilomètres à parcourir cet espace accroché au flanc d' une colline, cet espace d' espérance, de salut, de santé, cet espace de misère blotti au milieu du dévouement, d' abnégation, de sacrifice, de charité et d' amour, en vingt ans du don d' elle-même à l' autre plus pauvre qu' elle?

Notre quémandeur de clés s' impatiente.

– Allez me la chercher et dites-lui que le Docteur Henri, ou Mademoiselle Berth, demande la clé de la réserve ASB J ou de la pharmacie.

Le territoire de Mademoiselle Ali était vite quadrillé. La chasse à notre «Saint Pierre» était ouverte. Le plus souvent on la retrouvait rapidement. D' autres fois, il fallait attendre un peu, par exemple lorsqu' elle était du côté de la cité lumière.

– Mademoiselle on veut les clés.
– Qui?
– C' est le docteur.
– Quel docteur?
– Celui qui opère là, qui est mince mince ...
– Il est où?
(Déjà elle a fait demi-tour et se dirige vers le centre de l' hôpital)
– Devant la pharmacie.
– Va lui dire que j' arrive.

Le maratonien en herbe démarrait en trombe pour aller annoncer la bonne nouvelle. Essoufflé, il disait:
– Elle vient ...

Effectivement dans une démarche légère, bientôt apparaissait la Dame au trousseau de clés, qui sans hésiter trouvait la clé demandée. Si ce n' était pas long elle attendait, pour récupérer son bien. Sinon, elle donnait des consignes et profitait de cet intermède pour changer de direction et marcher vers de nouvelles inspections.

La dame aux multiples activités

Elle était venue sans rien, mais riche de sa volonté de se mettre au service du Docteur Schweitzer, donc au service de l' Autre, au service de la vie. Elle fut infirmière, puis s' occupa de la comptabilité. Elle veillait à la propreté de l' hôpital. Qui ne se souvient pas de l' avoir vue juchée sur le toit d' une case, surplombant l' hôpital, pour voir si tout était en ordre.

Elle veillait sur la morale des employés Gabonais et des malades. Sa présence dissuadait ceux qui voulaient se battre et plus encore ceux qui espéraient s' adonner à la boisson. Deux choses férocement combattues par le Docteur Schweitzer. Surtout l' alcool qui est un vrai fléau pour ces gens vivant sous un climat équatorial.

Je me souviens que Mademoiselle Ali s' occupait aussi des fous. Un jour, mon père et Philippe Liguala, préposés aux piqûres, devaient administrer une injection calmante à un jeune européen qui était devenu fou pour avoir oublié de porter son casque sous le soleil d' Equateur. Mon père et Philippe avaient une astuce pour cela, et qui marchait bien avec les autres aliénés, ils s' armaient de patience et discutaient avec le patient pour le calmer. Puis ils lui demandaient de passer la main par un trou pour prendre un objet qui l' intéressait. L' un d' eux en profitait pour immobiliser ce bras et l' autre pour pratiquer l' injection.

Mais il n' en alla pas ainsi avec le jeune européen devenu fou furieux, au point qu' il terrorisa tout l' hôpital pendant des jours. De guerre lasse mon père alla chercher Mademoiselle Ali. Elle demanda d' ouvrir la porte, après avoir elle aussi subi l' échec de la dissuasion. Elle s' engouffra dans la pièce. On ne sut jamais ce qui s' y était passé, toujours est-il qu' une main sortit et la piqûre put être faite. Mademoiselle Ali ressortit tranquillement, le casque de travers, mais avec la satisfaction du devoir accompli.

La solitude de la dame tout de blanc vêtue

Je me souviens aussi de l' avoir vue presque toujours seule dans ses visites. Seule aussi parfois dans ses promenades dominicales, vers le grand Cimetière. C' était le soir au coucher du soleil. La fraîcheur commençait enfin à se faire sentir. Son casque à la main, elle marchait dans l' allée bordée de pamplemoussiers que dominaient d' immenses palmiers à huile, de manguiers touffus, et d' arbres à pains assoiffés, dont les feuilles en plasmolyse attendaient avec avidité la pluie, ou à défaut un peu de fraîcheur nocturne.

Combien de fois ne l' a-t-on pas vue se rendre à la salle à manger en retard, ou alors quand tout le monde avait déjà fini de manger.

Dans la nuit mystérieuse et obscure de l' Equateur, trouée par le vol luminescent des lucioles, ou la clarté frêle des vers luisants posés sur l' herbe moite des parterres, tard, très tard parfois, quand la grande cloche avait sonné le couvre-feu, une lampe tempête se balançait au bout d' un bras, éclairant un tablier blanc, des bas blancs, c' était Mademoiselle Ali, inspectant pour la dernière fois si tout allait bien dans l' hôpital.

Alors, bien vite on réduisait la lumière des lampes et ceux qui veillaient encore devant leurs cases, même s' ils ne faisaient pas de bruit, rentraient rapidement.

Gentille mais la terreur des enfants
(Certains enfants de l' hôpital)

C' était un Paradis pour les enfants que cet hôpital vilement dénigré. Nous avions un beau fleuve, des arbres fruitiers en abondance, des lieux de jeu en grand nombre. Mais évidemment il y avait une discipline stricte, qui a fait que vous reconnaitrez facilement un enfant élevé à l' hôpital Schweitzer dans les rues des villes du Gabon.

Quand il y a une loi, fatalement, même si on est un petit Gabonais, on cherche à la détourner.

Les fruits: Seigneur quelle abondance! Il y avait des mangues, des papayes, des goyaves, des pommes cithères, des mandarines, des pamplemousses, des oranges, des mangoustants. Donc tentation trop forte pour nous.

On n' attendait pas bien sûr qu' ils soient mûrs, on les cueillait bien trop tôt. Mais Mademoiselle Ali veillait. Un jour, elle nous a surpris dans un mangoustier en train de déguster les savoureux de cet arbre sorti tout droit de l' Eden.

– Voulez-vous descendre de là tout de suite!

Personne évidemment ne bouge. Alors Mademoiselle Ali se décide de nous rejoindre au sommet de l' arbre.

– Ce n' est pas vrai!

– Mais si! ...

Avec une technique bien assurée elle progresse sûrement. Il lui suffit de saisir l' un de nous qui donnera les noms des autres et gare à la double fessée.

Comme elle se rapproche, c' est un sauve-qui-peut général, par sauts suicidaires qui nous font atterrir sur les buissons et prendre la fuite à toutes jambes. Fuite inutile, la Dame tout de blanc vêtue nous a reconnus; nous serons dénoncés aux parents et conduits ensuite, demain au plus tard, chez Mademoiselle Mathilde ... Elle a encore gagné. Il va falloir être tranquille pendant un bon moment.

Oui elle nous connaissait bien, très bien, même qu' elle rivalisait de ruse avec nous. Nous la craignions mais nous l' aimions bien, comme nous aimions toutes celles et tous ceux qui constituaient le personnel de l' hôpital.

Silhouette blanche debout au bord de l' immense fleuve, serpent liquide essayant vainement d' avaler l' île en face de l' hôpital, solitaire comme de coutume, elle contemple le ballet des pirogues qui vont et viennent, pressées de rentrer car la nuit va tomber. Le soleil incandescent et l' eau agitée de fines vaguelettes pourpres et la forêt où les arbres immenses prennent lentement l' aspect de spectres informes, préludes aux mystères et mythes ancestraux des Gabonais.

Elle regarde silencieuse les yeux fixes, les vaguelettes qui viennent mourir sur la glaise glissante de la berge, et les goujons et autres petits poissons qui sautent de temps en temps hors de l' eau, comme pour remercier la nuit qui tombe de plus en plus vite. En effet, les petits pêcheurs, les petits seaux pleins de poissons, ont plié leurs lignes et sont rentrés préparer leurs fritures.

Elle rêve sans doute aux canaux de son beau pays, comme elle rêve aux tulipes laissées là-bas au pays natal, quand elle contemple le tulipier du Gabon qui trône au milieu du jardin. Nostalgie! La réalité est là.

Le soleil a disparu derrière la Colline où fut construit le premier hôpital et où se dresse actuellement la mission protestante et le collège Fanguinoveny. Les feux des foyers se sont allumés; il est temps de regagner le sommet de la Colline. Demain, ce sera la même journée de labeur, d' abnégation et d' amour, d' amour pour soi sacrifié à

un amour des autres.

Bon Anniversaire
Maman Ali

comme vous appelaient certaines personnes à l' hôpital de Lambaréné

NYAMA Albert
fils de
NYAMA Ambroise
filleul du
Docteur Albert SCHWEITZER

Leonard Jan Bruce-Chwatt, London

A Visit to Lambarene

It was during the war, in 1943, that I spent a few days in Lambarene, by accident rather than by design. A military plane that carried me from Libreville to Lagos had to make a forced landing at the airstrip at Lambarene and, while waiting for a mechanic to repair the engine, I decided to pay a visit to the Albert Schweitzer hospital. It was a late morning and to reach the place, I had to cross the river by hiring a dug-out canoe that glided slowly along the water, paddled by two hefty Africans. Dr. Schweitzer must have spotted it from the house and as the canoe approached, he was standing there on the bank of the Ogowe: a tall, heavy man, with a craggy face, large greying moustache, an old sun-helmet on his head and dressed in baggy trousers and white shirt open at the neck. I jumped out of the boat and explained the reason for my unannounced visit. He greeted me amiably and then said: "You are welcome here!" and added, "I see you are wearing a hat; unlike so many other white people who risk getting a sunstroke". I was in my tropical khaki kit with an Army cap on my head. He invited me to come up to the hospital, a group of wooden huts with thatched roofs. I stayed in Lambarene for 3 days and did the usual hospital rounds with Dr. Schweitzer and the other doctors. I participated in the daily ritual of early rising, communal meals, evening reading of the Bible, listening to Bach's cantatas played by Dr. Schweitzer and taking part in many medico-musico-philosophical discussions. The memories of these few days are still with me. I am immensely grateful for the simple, but sincere hospitality. I admire the devotion of Dr. Schweitzer and all his staff to their patients, I was most impressed by the Christian spirit and immense kindness of the remarkably efficient female members of the staff of the Schweitzer Hospital. I was sorry when the word came that the plane's engine had been repaired and I had to leave. Those few days in the simple, peaceful, charitable and devoted atmosphere of Lambarene were such a contrast to the turbulent cruel world outside it.

On the last day, Dr. Schweitzer gave me a coloured postcard with his likeness, printed in Germany before the war. He partly erased the name of the German printer before signing the card. I wondered why? Perhaps he did not quite trust me, a Pole in the British Army uniform? He saw me off; I was being taken back by the same dugout canoe. We shook hands and I watched his tall figure, dressed as before, with the old son-helmet on his head, waving good bye!

I did not expect to see Dr. Schweitzer again. And yet ten years later in 1954, my wife and I met him in Lagos, Nigeria, where he was on his way to Oslo to collect his Peace Prize. He gave a superb Bach recital at the Lagos Cathedral and after the concert, I reminded him of my brief visit. He was then at the peak of his fame and yet he was kind, patient and gentle. This encounter rekindled my memories and deepened my admiration for the man and all his friends and disciples. His life was devoted to simplicity, truth and love of mankind.

My very best wishes to Ali Silver on her birthday.

Radim Kalfus, Nová Paka (ČSSR)

Kleines Geschöpf, voll von Energie

Wir haben es vor uns, ihr liebes, lächelndes Antlitz, dessen Blick ein Fenster in ihre reine Seele darstellt, in ihr liebes Wesen. Warum sollten wir heute mit Dankbarkeit im Herzen nicht bekennen, was für uns jedes Zusammentreffen mit ihr bedeutete. Sie war und bleibt für uns die Verkörperung des Wohles, welches in Lambarene herrschte, alles dessen, was uns inspirierte, was uns erhob und antrieb. Ali Silver, kleines Geschöpf, voll von Energie, freundlichen Anregungen, Vorhaben. Viermal traf ich mit ihr im Urwaldkrankenhaus zusammen. Sie vertrat dort eine dominante Stellung als Krankenpflegerin und Sekretärin. Der Grand Docteur vertraute ihr voll. Mathilde Kottmann lebte mit ihr in enger Gemeinschaft, ähnlich wie alle weißen und schwarzen Mitarbeiter, die sie sehr gern hatten, zugleich auch alle Tierchen, alles Lebendige, was zur Gemeinschaft des Krankenhauses gehörte. Aus innerer Überzeugung und auch aus freundlicher Haltung und aus Mitfühlen war sie solidarisch mit allem Lebendigen, welchem sie hier begegnete und was ihr Leben berührte. Ihr Wille identifizierte sich mit der Liebe, sie war und blieb das Zeugnis der Größe der Mission, der Ehrfurcht vor dem Leben.

Unser erstes Zusammentreffen in Lambarene war voll von Geduld und Verständnis. Wir kamen einander näher, bis wir aufrichtige Freunde wurden. Wie oft habe ich bei meinen weiteren Reisen nach Gabun die Räume des Arzthauses aufgesucht, wo auch Schwester Ali und Schwester Mathilde ihr Heim hatten. Unvergeßlich war und blieb für mich der Januar 1965, als wir den 90. Geburtstag unseres gemeinsamen Freundes und Lehrers Albert Schweitzer feierten. Während der kleinen Feier, von Mitarbeitern des Krankenhauses veranstaltet, sprach ich dem Gründer des Krankenhauses im Namen der anwesenden Gäste gute Wünsche aus und übergab Geschenke. Es waren gesegnete Momente. Ali Silver kam dann noch während des Nachmittags zu mir und richtete mir das Verlangen des Gefeierten aus, ob ich die

Abendzeit, wenn die offizielle Feier beendigt sein wird, der Musik widmen und Werke der tschechischen Komponisten vorführen könnte. Es war ein großer Augenblick für unsere Kultur, als im Petroleumlampenschimmer durch das stillgewordene Speisezimmer in Lambarene die Musik von Smetana, Dvořák und auch Novák ertönte. Zusammen mit Albert Schweitzer kam auch Ali Silver und mit ihr meine nahen Freunde Dr. Sedláček und Dr. Friedmann, die damals in Lambarene die Kranken betreuten, sich bei mir für diesen Abend bedanken. Ein unvergeßlicher Abend.

Im Jahre 1966 traf ich in Lambarene mit einer Sendung von Medikamenten und Ärztematerial zum letztenmal ein. Ali Silver, begleitet von Dr. Sedláček, stand mit mir beim Grabe von Dr. Schweitzer, auf das ich im Namen aller tschechoslowakischen Freunde einen Strauß aus Wiesenblumen legte.

Nach dem Abschied vom "Grand Docteur" hielten wir gemeinsam Gespräche über die Zukunft des Krankenhauses, des Gesamtwerkes und seinen Hinweis an die Welt. Das neue Projekt des Krankenhauses war schon am Horizont erschienen ... aber uns ging es und wird es immer gehen um den Geist dieses Werkes, der wirken muß, wenn die Erben seines Werkes das Recht haben sollen, das Krankenhaus mit seinem Namen zu benennen. Es war uns klar, daß weder der perfekte Verkehr mit allen technischen und materialen Voraussetzungen noch die personale Ausstattung und Staatsunterstützung den Geist und den Sinn der Mission dieses Krankenhauses und seines Schöpfers ersetzen können. Die Ehrfurcht vor dem Leben, die hier ihren Ausdruck fand, und die höchsten Prinzipien der ärztlichen Ethik, wie sie in Lambarene praktiziert wurden, können weder proklamiert noch gekauft werden. Es sind spontane Äußerungen der Liebe und des Wohlwollens, die hier umsonst angeboten werden.

Meine Zusammenkünfte mit Ali Silver gelangten im lambarenschen Hafen nicht zum Abschluß. Wir schrieben einander, jährlich wanderten viele Briefe zwischen Nová Paka und Günsbach. Immer war in ihnen unser Verlangen verborgen, daß diejenigen zunehmen sollten, die dem Beispiel von Albert Schweitzer folgen, um unsere Welt durch seine Ehrfurcht vor dem Leben zum gegenseitigen Verständnis, zur Annäherung und zum dauernden Frieden zu bewegen. Es blieb nicht nur bei Briefen, ich sah sie in ihrem "zweiten" Heim, in Günsbach, Schulter an Schulter mit Tony van Leer in ihrem geliebten Zentralarchiv, und sie erlebten wiederum mich in meinem Heim in Nová Paka. In der Tschechoslowakei, anläßlich ihres Besuches von Prag, war eine Gedenkkundgebung auf einer Kirchenversammlung der Freunde, bei der sie sagte: "Schweitzer war ein Kind des Lichts. Wie oft gebrauchte er selber das Wort 'Licht'." "Den Weg zur Liebe müssen wir finden, daß es Licht werde in uns." – "Aber wir dürfen uns getrösten, daß wir in der Ehrfurcht vor der Wahrheit immer auf dem rechten Wege sind und im

Lichte wandern." – "Es gibt eine Frömmigkeit des Herzens, die dem denkenden Menschen offenbar wird und ihm Licht auf dem Lebensweg ist." – "Erziehung ist zu sehen in der Richtung: alles Leben auf seinen geistigen Wert bringen, daß zuletzt eine vollkommene und glückliche Menschheit entsteht. Das ist, was wir als Weltwerk in uns erleben, das Licht, von dem aus einige Helligkeit auf das Dunkel des Seins fällt."

Zwei Tage, bevor Albert Schweitzer starb, er lag schon einige Tage zu Bett, schaute er hinauf in die Ecke seines Moskitonetzes, lächelte friedlich, glücklich und sagte nur leise: "Ist das nicht wunderbar?" – Was er sah, werden wir nie wissen. Dem Kind des Lichts war auch sein Tod nicht dunkel.

Ali Silver sprach wenig von sich selbst. Aber wir, ihre Freunde, lesen in ihr wie in einem geöffneten Buche. Dank für alles, liebe Ali. Für viele Jahre ergebenen Dienstes im Urwaldspital und der jungen Generation gewidmet, die nach Günsbach kommt zur Quelle, aus der Sie so gern den Wanderern dieser Welt einen Schluck des reinen und lebendigen Wassers spenden. Danke!

(Zeichnung von Ernest Ullmann)

Kapitel III

Günsbach

Zeichnung von Michel Krieger, Strasbourg

Hermann Baur, Basel

Weißt du noch?

Weißt du noch? – denkst du noch an jenen Sommer 1968? – Wir blickten beide in den Garten und die Wiesen hinter dem Schweitzerhaus in Günsbach und suchten Antworten auf die Frage: Was sollen wir tun, damit junge Menschen durch das Wirken des geplanten Zentral-Archivs von Schweitzers Leben und Denken erfahren? – damit sein Glaube und seine Ethik unter den Menschen bekannt werden. Wir sahen in unsrer hoffenden Phantasie bereits den Garten belebt von jungen Menschen, die z.B. in Wohnwagen kampieren würden (später wurde auch ein Anbau ans Schweitzerhaus erwogen). Es sollte aber alles viel besser kommen. Niemand hatte mit deiner Initiative, Phantasie und Hingabe gerechnet.

Freilich hat es der Entwicklung des Schweitzer-Archivs den Weg gewiesen, als du – nach zwanzig Jahren Lambarene als eine der wichtigsten Mitarbeiterinnen des Spitalherrn – im Mai 1967 ins Elsaß kamst. Dieser Wink des Schicksals beendete zum Glück die allerersten Pläne fürs Archiv, das Robert Minder und ich zuerst an der Universität Basel oder Strassburg unterzubringen erwogen . . . . dort wäre es im Vielerlei bedeutungslos geblieben. Erst dein Angebot schaffte die Möglichkeit, das Günsbacher Haus mit seinem einzigartigen Genius loci, Schweitzers Dorf, zu wählen. (Rhena Schweitzer-Miller hatte das Haus dem Werk als Schenkung zur Verfügung gestellt.)

Bis September 1967 wohntest du in der rue de la Question in Strassburg. Dort hast du, mit Mathilde Kottmann zusammen, die vielen deponierten Blechkantinen und Säcke mit Briefen gesichtet und katalogisiert. Das Sichten, Lüften, Putzen und Ordnen der Dokumente ging dann im Günsbacher Haus weiter, noch in den letzten gemeinsamen Jahren zusammen mit Emmy Martin. Da hast du ein weiteres Mal in deinem Leben erfahren,

Mathilde Kottmann in Strasbourg

was Unterordnung und Sanftmut zu leisten vermögen. Nach Emmy Martins Tod, 1971, kam Tony van Leer zum Helfen – und bald begann die Zeit der "drei Günsbacher Eulen" mit Sophie von Eckardstein oben am Tisch.

Wie nur hast du es solange ohne ein Tierchen aushalten können? – gewohnt, in Lambarene immer von Tieren umgeben zu sein. 1972 hast du Toffi ins Haus gebracht, die freundliche Hündin, die du als Waisenkind aus dem Tierheim erlöst hast – fortan aus der Günsbach-Familie nicht wegzudenken. Unvergeßlich dein Erziehungserfolg, daß das gute Tierchen nie die Schwelle des Speisezimmers übertrat. Nun ist sie im Hundehimmel und Carine, die Nachfolgerin, wahrt das Andenken.

Inzwischen hatte die Riesenaufgabe der Archivarbeit Gestalt angenommen: Die Nachlaßbearbeitung, die weltweite Korrespondenz, die Briefsuche, der Strom der Besucher des Musée Albert Schweitzer und später auch des Musée Emma Haussknecht (bis 10 000 im Jahr), einzeln und in Gruppen. Sie erforderten alle persönliche Führung und Betreuung, herzliche Zuwendung, Film- und Diapovorführungen – und das alles ohne Hektik, sondern in Ruhe und Frieden, im persönlichen Gespräch von Mensch zu Mensch – als wichtigstem Fundament, um Wege und Kraft zu finden, im Sinne von Schweitzers Ethik gegen die Not der Zeit zu handeln. Die jährlichen Colloquien seit 1971 (angefangen mit den jungen Preisträgern des Albert-Schweitzer-

Preises der Goethe-Gesellschaft Basel mit Alfred Toepfer und Marie-Paule Stintzi, dann die Johannistreffen im Sommer, die französischen Colloques im Herbst) hast du mit deinen Helferinnen vorbildlich organisiert und beherbergt, später vermehrt durch die musikalischen Interpretationskurse, nach der genialen Idee von Robert Minder. Da wurde durch deine, eure herzliche Gastfreundschaft der Grund gelegt für die geistige Ausstrahlung des lieben Günsbacher- und Weltbürgers.

Als eine geistige Tochter des Paulus hast du auch deine weltweiten Besuchs- und Freundschafts-Reisen unternommen: nach allen europäischen Staaten, nach Japan, Taiwan, Korea – und hast dort mit Vorträgen und Gesprächen Freunde gefunden.

Deinem Geschick und deiner Herzlichkeit verdanken wir auch das gute gegenseitige Verhältnis zwischen Archiv und Dorfgemeinschaft: Welch köstliche Früchte trug es z.B. mit der Eröffnung des Musée Emma Haussknecht 1980 im alten Dorfschulhaus, in der Bewahrung des Philosophenbaumes, in der freiwilligen Mithilfe von Günsbacher Freunden im Schweitzerhaus.

Alles wurde gekrönt durch dein unschätzbares Geschenk des Gästehauses am westlichen Dorfausgang. Weißt du noch, wie wir zuerst ein dänisches Holzhaus erwogen haben, eine Casa dana? Dann aber hat dir der elsässische Architekt Pache "nach Maß" das zweckmäßige, von der Straße abgewandte Haus erbaut, das seitdem aus dem Archiv-Betrieb nicht mehr wegzudenken ist (1973). Du hast ihm – nach der anfänglichen Idee eines "Sans-souci" – den Namen "Akewa" gegeben, das heißt auf afrikanisch "Dankeschön". Gibt es einen schöneren und sinnvolleren Namen? "Glücklich die Menschen, die im Dank gegen Gott für das Leben gestählt sind" ist eins der vielen Worte des Docteur über das Danken. Der Blick aus den Fenstern auf die Wiesen und den Auenwald der Fecht – das ist Ferienstimmung, umspielt von Vogellied und – schau, dort hoppelt ein Hase! Wieviele Freunde des Werkes, Forscher, Studenten, Musiker haben im Akewa wohnen dürfen. Seit 1973 finden dort alljährlich die Johannistreffen, die französischen Colloquien und seit 1978 die Musikinterpretationskurse statt, im vertrauten Rahmen, wie ein Familientag, friedvoll. Welchen Reichtum an menschlichen Begegnungen, Beziehungen, Hilfen und Freundschaften hast du so gestiftet! Alles wirkliche Leben ist ja Begegnung. "Liebe Menschen im Leben zu haben, macht den Reichtum des Daseins aus" – eine Erfahrung des Docteur.

Die Entwicklungshilfe, wie du sie während 20 Jahren in Lambarene gelernt hast, fand ihre direkte Fortsetzung in Günsbach: in jedem Fall Hilfe zur Selbsthilfe der Betroffenen, sei es im Tun oder im Geist. Die Enttäuschungen, Mißerfolge und Schwierigkeiten, an welchen es in einem solchen Werk nie mangelt, wollen wir heute mit einem verzeihenden Lächeln

Emmy Martin und Albert Schweitzer

übergehen. Auch der Nußbaum in Toffis Garten, durch dessen Äste der alte Doktor damals am Eßtisch auf seine Kirche hinüberblickte, wurde krank und mußte gefällt werden – das hat weh getan.

Kurz und selten waren die Stunden der Erholung neben der riesigen Arbeitsleistung (waren früher – in Lambarene – nicht bloß 5-6 Stunden Nachtschlaf die Regel?). Die gemeinsamen Spaziergänge im Elsaß, mit Tony und Toffi zusammen, bleiben unvergessen, die gemeinsamen Ferientage (weißt du noch?) am Thunersee, in Adelboden, in Wildhaus. Da hast du manchmal herrliche Erinnerungen an den Docteur erzählt: wie er dem alten Afrikaner, draußen im aufziehenden Tornado – mit dem Regenschirm zuhilfe kam; wie er jedesmal das Grab der Frau besuchte, die ihm damals – im französischen Internierungslager – Brot geschenkt hatte; die innige Geistesfreundschaft zwischen ihm und Madre Maria vom Eremo Franciscano in Assisi.

Durch dein unerschöpfliches Wirken gehörst du zu jenen Menschen, die es möglich machten, daß Schweitzers geistiges Werk sich weiter entwickelt hat und seinen Weg machen kann. Es ist eine der überraschenden Fügungen in seinem gedeihlichen Fortgang, daß der richtige Mensch am richtigen Platz wirken kann – wie wenn auch hier noch die ordnende, vorsorgende Hand des alten Docteur spürbar wird – und über allem der Friede, der höher ist als alle Vernunft.

Johann Zürcher, Worb (Schweiz)

Albert Schweitzer-Archiv in Günsbach

Wer im Albert Schweitzer-Archiv Günsbach zu tun hat, findet diese Örtlichkeit samt all ihren Erinnerungen, Dokumenten und handschriftlichen Schätzen aufs beste behütet und sachgemäß, kenntnisreich und mit Liebe verwaltet von zwei liebenswürdigen Frauen, die vor Jahren noch bei A. Schweitzer in Lambarene mitgearbeitet haben: Frl. Ali Silver und Frl. Tony van Leer. Daß Frl. Silver am 26. Februar 1984 ihren 70. Geburtstag feiert, ist Anlaß, dieser häuslichen, aber weithin sich auswirkenden unermüdlichen Tätigkeit einmal ein Kränzlein zu winden!

Wie sieht so ein Arbeitstag im Günsbacher Archiv aus? Fast immer sind irgendwelche Gäste im Haus, die kürzere oder längere Zeit dort verweilen, um Arbeiten im Archiv auszuführen, Schriftstücke durchzusehen, an einer Tagung oder einem Kurs teilzunehmen, an deren Organisation die beiden Frauen natürlich mitgearbeitet haben. Man trifft sich am Morgen zum Frühstück und fühlt sich durch heitere, freundliche Gespräche für den ganzen Tag ermuntert, angeregt, ebenso heiter auszuführen, was man sich vorgenommen. Frl. Silver ist mit Helferinnen hierauf in der Küche, dann bei Schreibarbeiten an ihrem Schreibtisch oder im Briefarchiv, bringt dem Gast zu gegebener Zeit gewünschte Archivmaterialien ins Zimmer, besorgt Kopien, ordnet die Post usw. Zwischendurch, vor allem in der Sommerzeit, wird ihre Arbeit unterbrochen, immer und immer wieder unterbrochen durch die Hausglocke, die die Ankunft von Besuchern anzeigt, die durchs kleine Museum geführt werden wollen. Selbst während der Essenszeiten und an Feiertagen lassen sich die Frauen hierdurch bereitwillig stören: Sie wollen nicht, daß durch Bekanntmachung begrenzter Besuchszeiten sich Durchreisende und Gäste eingeengt oder gar abgewiesen fühlen – es soll ein gastliches Haus sein, ganz im Sinne des alten Doktors! Wie viele Ruheminuten werden so geopfert, und mit Liebe geopfert um einer guten Sache willen! Und wie könnte einer guten Sache besser gedient werden als durch einen freundlichen Geist! Ein solcher erfüllt wirklich das ganze Haus. Man freut sich auf jedes Zusammensein bei den Mahlzeiten und sonstigen Gesprächen. Es ist, als ob Frl. Silver noch etwas von des Doktors Gegenwart vermittelte: Nicht nur ist ihre Handschrift der seinen ähnlich, auch ihre Schweitzer-Einnerungen, die sie oft mit Schweitzer-Aussprüchen bereichern kann, lassen dessen Wesen und Werk immer aufs neue lebendig werden, und ich verdanke ihr manche Mitteilung nicht nur von Bonmots Schweitzers, sondern auch von authentischen Willensäußerungen zu Einzelheiten, die den philosophischen und theologischen Nachlaß betreffen, die sonst nirgends zu finden gewesen wären. Und so geht es wohl vielen dort arbeitenden Gästen: sie erhalten von Frl. Silver jederzeit Auskünfte, Hinweise, Materialien zu Fragen, deren Beantwortung sie hier zu finden hoffen.

Und wenn so ein Tag zu Ende ist, wird man noch zu einem Tee eingeladen, man bespricht des Tages Geschehen, Erfolge oder auch vergebliche Bemühungen, berät über weitere Möglichkeiten, bespricht Lesefrüchte aus aufliegenden Büchern, hört wohl auch ein Musikwerk an und begibt sich schließlich, von herzlichen Gut-Nacht-Wünschen begleitet, zur Ruhe.

Das ist gewiß: Von einem Besuch in Schweitzers Günsbacher Haus nimmt man nicht allein Museumserinnerungen mit und das Landschaftsbild der Jugendzeit Schweitzers, sondern auch einen Hauch lebendigen Geistes des Schweitzerschen Denkens und Wirkens, dank der freundlichen Archivbetreuerin Ali Silver. Möge ihr noch manches Jahr solch schönen Wirkens vergönnt sein.

Richard Brüllmann, Thun

Zu Besuch in Günsbach

Vor vielen Jahren standen meine Frau und ich zum ersten Mal vor dem uns von Bildern her vertrauten Haus am Dorfeingang. Es war an einem trüben, naßkalten Herbsttag. Die wilden Reben hatten ihre Farbe bereits verloren. Die meisten Blätter waren abgefallen. Wir zogen an den schmiedeeisernen Zahlen der Hausnummer und hörten die Glocke läuten. Die Tür ging auf, und Ali Silver hieß uns mit einem warmen, freundlichen Lächeln willkommen. Schon im Treppenhaus begann das Gespräch, das beim Rundgang von Zimmer zu Zimmer lebhafter wurde.

Seither sind wir oft in Günsbach gewesen. Die erste Erfahrung hat sich jedes Mal wieder bestätigt: Das Wetter draußen spielt dort keine Rolle, weil die Atmosphäre drinnen im Haus immer gleich gut ist. Besonders eindrücklich zeigt sich das, wenn wir mit Gruppen vorbeikommen. Sachkundig wird erzählt und erklärt. Fragen werden beantwortet, und immer wieder ertönt ein helles, fröhliches Lachen. Die Zeit vergeht wie im Flug.

Welch große Anstrengung dahinter steht, kann man nur erahnen. Ali Silver läßt ihre Besucher nichts davon verspüren. Selbst nach einem Vormittag mit 70 Konfirmanden winkt sie zum Abschied mit frohem Gesicht und ruft: "Kommen Sie bald wieder." Und man weiß, daß sie es auch wirklich so meint.

Weil Ali Silver so unermüdlich mit Leib und Seele bei der Sache ist, wirkt sie als lebendige Vermittlerin zwischen den Generationen. Sie kommt bei den Besuchern an. Eine Achtkläßlerin hat es auf dem Heimweg einmal so gesagt: "Bis jetzt war Albert Schweitzer für mich ein Mann aus Büchern und Filmen. Jetzt aber weiß ich, daß er wirklich gelebt hat." Ohne Zweifel sind es solche Erfahrungen, die den Boden schaffen zur fruchtbaren Auseinandersetzung mit dem Gedankengut des früheren Hausbewohners.

Weil das so ist, wird jeder Besuch in Günsbach zum Erlebnis. Dafür danke ich Ali Silver von Herzen und verbinde mit dem Dank den aufrichtigen Wunsch für ein weiteres glückliches Wirken.

Hans Walter Bähr, Tübingen

Dank an Ali Silver

In besonderer Weise gehört Ali Silver mitgestaltend seit Jahrzehnten zu dem großen, für unsere Zeit bedeutsamen Bereich des Lebenswerkes von Albert Schweitzer. In den Gesprächen mit ihr in Günsbach ist immer wieder zu erkennen, wie sie diesen Auftrag in eigener individueller Form aufnimmt, behandelt und deutet, in der ganzen Breite ihrer vielfältigen Tätigkeit. Das sehen Helfer, Freunde des Günsbacher Zentrums, auch wir als Mitglieder der Kommission für das Geistige Werk, und viele Besucher, die in das Günsbacher Haus aus europäischen und außereuropäischen Ländern kommen. Albert Schweitzers geistige und mitmenschliche Welt läßt sich in Günsbach nicht in neutralisierter Art aufweisen und erhalten, sie bedarf des Bewußtseins der eigenen Mitverantwortung derer, die sich ihr widmen. Die Gäste aus dem näheren Kreis, wie gewiß auch Besucher, spüren, daß ihnen mit Ali Silver ein tief überzeugter, ein wissender Mensch im Sinne der Intentionen Schweitzers begegnet. So formt sie heute, gemeinsam mit Tony van Leer, die ausstrahlende Arbeit im Schweitzer-Haus mit ihrer persönlichen Gestaltungskraft, die sie in Lambarene bewährte. In Ali Silver zeigt sich jene Einheit von Gesinnung, Glaube, Wort und Handeln, für die Albert Schweitzer ein Symbol geworden ist. Dies alles entfaltet sich zugleich in ihrer weitgespannten Korrespondenz, ihrem ständigen Bestreben, brieflich Menschen zu ermutigen, sie in zahlreichen Ländern zu orientieren, ihnen die Verbindung zu Günsbach und zu Schweitzers Ideengut zu geben.

Vielschichtig und wertvoll ist, auch aus wissenschaftlicher und literarischer Sicht, Ali Silvers Arbeit für die Leitung des Zentralarchivs Albert Schweitzer, das sie 1971 von Emmy Martin übernahm und seither, begleitet und unterstützt von Tony van Leer, weitergeführt hat, in der Sammlung der Dokumente, der Schriften und der Briefe. Seit verschiedenen Rundschreiben an die Inhaber von Briefen Schweitzers mit der Bitte, die Texte dem

Zentralarchiv in Günsbach zur Kenntnis zu geben, in Originalen oder Kopien, hat Ali Silver in mühevollen Nachforschungen Tausende von Briefen Schweitzers für das Zentralarchiv erfaßt, und nun nach Themenbereichen und Personen geordnet. Damit entstand auch eine Basis für das Wissen um Schweitzers Auffassungen, die er in Briefen darlegte; in wissenschaftlichen Abhandlungen sind inzwischen manche dieser Briefe mit fachlichen Aussagen herangezogen worden. Ein Buch mit ausgewählten Briefen Schweitzers, das bald erscheinen soll, im Einvernehmen mit Rhena Schweitzer und Gustav Woytt, enthält mehrere Briefe, die er an Ali Silver während seiner Europa-Aufenthalte 1952, 1955 und 1959 nach Lambarene gesandt hat, Zeichen seines Vertrauens und der Zusammenarbeit.

Im Zentralarchiv befindet sich der Druck eines Aufsatzes, den Ali Silver über Madre Maria schrieb, die Leiterin einer franziskanischen, von ihr aufgebauten Ordensgemeinschaft in Italien, die mit Albert Schweitzer korrespondierte und von ihm Briefe über christlichen Glauben, das Evangelium, erhielt. In dieser Studie gibt Ali Silver ein Bild aus innerem persönlichem Verständnis, das ihr für die wegweisenden Gestalten helfender Nächstenliebe zu eigen ist. Wie dieser Text, gehören auch ihre Vorträge in Tokio, in Prag, ihr Kinderbuch von 1951 und weitere Aufsätze von ihr nun zur Schweitzer-Literatur.

Oft habe ich Ali Silver an Tagen im Günsbacher Haus in ihrer verstehenden, herzlichen Art erlebt, inmitten ihrer Verpflichtungen bleibt sie immer unbeirrbar, konzentriert, mit inneren Kräften und im Wissen um den Sinn ihres Tuns. Ich denke auch an die Stunden gemeinsamer Arbeit mit ihr in unserer Kommision "L'oeuvre spirituelle d' Albert Schweitzer" und im Archiv, an die Geduld, mit der sie dort im Bibliotheksraum Inhalte prüft, Zusammenhänge untersucht, Fragen klärt, und dies mit einem ungewöhnlichen Gedächtnis, das Schweitzer, wie zu lesen ist, sehr geschätzt hat. Zu den Problemen der Zeit und der Gesellschaften in Afrika und Europa gehen ihre Gedanken und analysierenden Feststellungen in den größeren Gesprächsrunden, die sich im Haus nicht selten an Mittagen, an Abenden versammeln, beim Austausch von Beobachtungen meist in verschiedenen Sprachen, wechselnd von Ali Silver gebraucht, als sei es eine Sprache.

Dieser Gruß kommt aus Tübingen, der Stadt, in der wir manches Mal Briefe Ali Silvers zu Fragen des Geistigen Werkes erhalten. Sie führt damit für uns, wie vor ihr Emmy Martin und Robert Minder, die Verbindung Schweitzers mit Tübingen weiter. Er hat mir 1962 einmal geschrieben, "als Theologe und als Denkender bin ich bei euch zu Hause"; hier entstanden die Forschungen Ferdinand Christian Baurs über das Neue Testament, die Schweitzer als grundlegend ansieht, hier erschienen alle größeren theologischen Werke Albert Schweitzers, bis zu dem Buch "Die Mystik des Apostels Paulus", hier durften wir ihn 1959 wieder zu Besuch haben. Viele Wissenschaftler und Weggefährten Schweitzers sind in einem Buch vertreten, das er 1962 in Lambarene bekam, als Ali Silver bei ihm tätig war: es wurde in Tübingen gestaltet. Nun darf ich seine Helferin mit diesen Zeilen im Kreise der Verfasser von Beiträgen in der vorliegenden Festgabe grüßen, die so freundschaftlich von japanischer Seite, von Makoto Abé, initiiert und geformt wurde. Ali Silver möge die Gewißheit entgegennehmen, daß wir alle in Verbundenheit sie in ihrer Aufgabe umgeben, in der weitreichenden Kontinuität ihres Lebens und ihres Weges.

Ein besonderer Dank aber an Ali Silver, der auf diesen Blättern nicht näher und im einzelnen dargebracht werden kann, liegt in den Menschen selbst, denen sie in Afrika geholfen hat. Die ergreifenden Worte, die sie ihr vor der Rückkehr in ihre Dörfer sagten, werden Ali Silver auch jetzt gegenwärtig sein. Sie hat durch neunzehn Jahre an der Seite des Gründers des Spitals gearbeitet, der nach seinem eigenen Bekenntnis dort dem Gebot Jesu, dem Willen Gottes, zu dienen suchte, handelnd und mitteilend: durch die Tat gegen Krankheit und Elend in diesem Gebiet. So ist die Anlage entwickelt worden, überall geachtet, in West und Ost. Ali Silver wurde es gegeben, in diesem Werk vollziehenden christlichen Glaubens ihre eigene frühe Erwartung des Helfens für andere zu verwirklichen, mehr als sie vor ihren Anfängen in Gabun gedacht haben mag. Das Bewußtsein dieser Gnade wird sie, im Blick auf Lambarene und Günsbach, auf so vieles, das durch sie möglich geworden ist, immer wieder bewegen und begleiten, nun auch an ihrem kommenden Geburtstag. Dann soll mein Gruß sie, wie so oft, erreichen, stets neu in herzlicher Dankbarkeit.

Akio Takahara, Brighton

ALI-San

I'm sure you know what it's like to travel in a foreign country alone without a prepared schedule. Of course don't assume that you have a fat wallet with you. Perhaps the only words you know of the local language are, "Hello", "Thank you", and "Where is the toilet?".

The best time for such a traveller, especially if he is tired, is when he has boarded a train bound for a certain destination in his mind. So long as he believes he's on the right train, there's little to worry about, for the time being. The less crowded the train, the better. Then he can release the corset around his mind which he had unconciously tightened up. He can see himself more objectively. He suddenly starts to feel that his body and his nerves are getting a bit tired. It's a long time since he left home.

On a train, however, there's always the fierce conflict between two incompatible interests. He struggles desperately to keep his eyelids open. If he's lured to sleep, he'll probably miss what he might never be able to see in his life again.

Such a Japanese lad was I on the cradling train to Günsbach in June 1979. What little did I know of Ali Silver then? I thought, she must be a lady not too young. (Not too old, either!) A very busy and capable General-Secretary at the headquarters of the world-wide "Schweitzer network". But what a strange name she had, a conjunction of The Arabian Nights and Treasure Island!

Günsbach was as quiet as a sleepy traveller. Tony took the trouble to meet me at the station. (I cannot remember whether Toffi, the extremely friendly black dog of theirs, also met me there.) Dr. Schweitzer's childhood-place, the 'headquarters', also stood in tranquillity, receiving few visitors for a change that day. However, the not-too-young lady who greeted me there certainly gave another impression. Immediately, I was awakened by the radiating energy and vigour of her soul.
That was how I met Ali-san.

That night I slept in the Guest House "Akewa" after nibbling the apples and chewing honey candies she had offered me after supper. They cured my cough which used to keep me awake at night.

The next morning I was a few minutes late for breakfast, and Ali and Tony had already started. I told them what I most admired about Dr. Schweitzer was his will-power and determination to materialize what others just dream of, thus answering what Ali had questioned me on. My reply didn't seem to come home to them then. The more I came to know her, however, the more I came to realize that Ali's mind is no less determined than Dr. Schweitzer's.
That's how I respect Ali-san.

I remember telling them that the people don't usually keep to the speed limit in Tokyo. Before I managed to add that I thought it was because the limits were impractically low, Ali started resenting the domination of the roads by cars and asserted that the speed limits should even be lowered.
That's how I like Ali-san.

Ali-san, I am afraid you might not listen, but don't work too hard, because Ali-san, even though you have not changed, you were already 'not-too-young' and a half years ago. (Although it may only be in terms of age.) However, I was so delighted to see your rosy cheeks in London the other day. Please take good care of yourself, and do please live long, for we need your radiating rosy cheeks for a long time to come, at least in order to wake me up whenever my eyelids tend to close at the wrong time and at the wrong place.
How can I thank you, Ali-san?

Luc Durand-Réville, Puteau

Toute la mer monte pour une seule pierre qu' on y jette

Vous ne vous surprendrez pas, chère Ali, que j'aie désiré figurer parmi ceux de vos admirateurs et de vos amis, dont Makoto Abé, par une touchante initiative, a décidé de rassembler les témoignages à l'occasion de votre soixante-dixième anniversaire!

J'aime à évoquer à cette occasion, mes visites d'autrefois à l' hôpital, la confiance et l'amitié dont voulait bien m' honorer le grand docteur et le prix que celui-ci attachait à votre collaboration.

Vous êtes de ceux qui ont choisi de poursuivre cette collaboration au-delà de la mort, ... et la fidélité avec laquelle vous entretenez le souvenir de notre «maître à penser» fait l'objet constant de notre admiration et de notre gratitude.

Si maigre que soit le concours que j'aime à vous apporter dans l'accomplissement de la tâche que vous vous êtes assignée, vous savez de quel cœur, de quelle conviction profonde, il vous est acquis!

Puisse Dieu vous conserver de longues années encore à notre déférente affection et vous convaincre de l'utilité pour le monde, de la tâche à laquelle vous vous consacrez.

Souvenez vous, chère Ali, si nous devons parfois dresser un bilan modeste de nos efforts, de ce mot de Pascal qui résume notre espérance: «toute la mer monte pour une seule pierre qu' on y jette».

Fidèlement, respectueusement à vous.

L. Durand-Réville

Gerhard Fischer, Berlin (DDR)

Mit Rat und Tat

Wann und wo ich Ali Silver persönlich kennengelernt habe, kann ich schon gar nicht mehr sagen. Es muß wohl irgendwann in den sechziger Jahren gewesen sein; aber eigentlich ist mir so, als sei sie schon immer dagewesen und habe unsere Arbeit begleitet – mit Rat und Tat.

Boris Nossik, unser sowjetischer Freund, hat in einer Reportage über Günsbach ihr Aussehen mit dem auf einem alten niederländischen Bild verglichen. Doch unverkennbar haben sich ihren Zügen auch die Jahre in Lambarene an Albert Schweitzers Seite eingeprägt. Vielleicht kommt daher das Miteinander von Güte und Strenge, von Lebensfreude und Nachdenklichkeit in ihrem Antlitz?

Sie gehörte zu den treuesten und vertrautesten Helferinnen des Doktors am Ogowe. Sie bewies diese Treue über seinen Tod hinaus durch den Dienst in Günsbach. Wer von uns kann ermessen, wieviel Selbstlosigkeit zu dem Entschluß gehörte, dort sein Andenken zu bewahren, sein Werk fortzusetzen? Auf jeden Fall leistet sie Unverzichtbares dafür, daß es im Bewußtsein der Öffentlichkeit fortlebt.

Sie sorgt dafür, daß der Geist des Doktors nach wie vor die Räume seines Hauses durchwaltet und den Besucher ergreift. Das spürte ich, als ich Ende 1975 – in ihrer Abwesenheit damals von Fräulein Tony und Frau Emma willkommen geheißen – und dann zum Johannistreffen 1981 dort zu Gast sein durfte.

Wir schulden ihr Dank. Alle guten Wünsche für weiteres segensreiches Wirken!

Minoru Nomura, Tokyo

Ali Silver und Japan

In Japan nennen wir die Ameise "Ari". Die Japaner, die Ali Silver gut kennen, haben angefangen, sie mit der Zeit "Ari-san" zu nennen. "-san" ist ein Höflichkeitssuffix, aber gleichzeitig auch ein herzlicher Name. In der japanischen Sprache unterscheidet man nicht zwischen "L" und "R". Deshalb klingen für uns Japaner Ali und Ari sehr ähnlich. Fräulein Ali selber nennt sich "Ali-san" in den Briefen an Japaner. Ameise "Ari" und Ali-san werden nicht nur ähnlich ausgesprochen, sondern beiden ist auch gemeinsam, daß sie sehr fleißig sind. Eine Ameise scheint mir aber nur fleißig zu sein, um Nahrung zu sammeln, während Ali-san bei allen Sachen fleißig ist und nicht das Kleinste vernachlässigt.

Ali Silver hat bis jetzt zweimal Japan besucht. Das erste Mal, im April 1968, zu einer Ausstellung zum Gedächtnis von Albert Schweitzer, die von der Albert Schweitzer-Fellowship Japans veranstaltet wurde. Das zweite Mal, im November 1979, auf der Rückreise vom Albert Schweitzer- Friedenssymposium in Taiwan. Beim ersten Mal hat sie in Japan und Korea mehrere Vorträge gehalten und blieb etwa einen Monat. Beim zweiten Mal dauerte ihr Besuch nur vier Tage.

Als ich im Jahre 1954 in Lambarene arbeitete, hatte Ali-san Dienst im Operationsraum, so daß wir nicht so viel Kontakt gehabt haben. Nach meinem Lambarene-Dienst weilte ich in Günsbach. An einem herrlichen Tag unternahmen wir auf Vorschlag Dr. Schweitzers, der sich damals gerade zu Hause für die Oslo-Reise vorbereitet hatte, einen Ausflug zu dem alten Schloß, das man vom Fenster des Schweitzer-Hauses aus südlich auf einem Berg sehen kann. Ali-san begleitete mich an diesem Tag, und ich lernte sie gut kennen, mir unvergeßlich.

Seit Ali-san die Leitung des A. Schweitzer-Archivs übernahm, haben Mitglieder der japanischen A. Schweitzer Fellowship Günsbach zweimal in größeren Gruppen besucht (1978 und 1981) und sind sehr herzlich aufgenommen worden. Immer, wenn ich ihr jemanden vorstellte, der das Albert Schweitzer-Haus besuchte, sprach sie näher mit ihm und er konnte dadurch den Geist und das Leben A. Schweitzers noch tiefer erfahren.

Bei mir zu Hause habe ich ein kleines Schweitzer-Archiv, in dem ich Bücher, die mit Albert Schweitzer zu tun haben, afrikanische Gegenstände und Quellenmaterial gesammelt habe. Dabei hat Ali-san mir sehr geholfen. Albert Schweitzer ist unter den Japanern sehr bekannt, aber es gibt wenige, die ihn persönlich kannten. Die meisten Japaner kennen A. Schweitzer von Büchern, haben darin von seiner Arbeit und seinem Denken erfahren und ihn schätzen gelernt. Ich bin aber nicht sicher, inwieweit manche den Geist und Glauben A. Schweitzers wirklich verstanden haben. Ali-san spielt eine sehr große Rolle, um uns Japaner das Denken A. Schweitzers besser erkennen zu lassen.

Zu Ali-sans siebzigstem Geburtstag möchte ich hier ihre Verdienste für Japan würdigen und mich herzlich bei ihr bedanken. Ich wünsche ihr alles Gute, vor allem Gesundheit und ein langes Leben.

Ija Lazari-Pawlowska, Lodz (Polen)

Ali Silvers Nähe

Es ist ein ungewöhnliches Leben, das Leben von Ali Silver. Wie bewundernswürdig ihre vielen Opfer auch sind, hat sie zugleich nicht das Beste erlangt, was ein Mensch erlangen kann? Das Leben erhält seinen höchsten Wert in dem Einsatz für eine Idee, in der Hingabe an ein Werk. "Was wäre der Mensch ohne Ideen, die ihn begeistern, ihn lenken, ihm Halt verleihen?" - fragt Albert Schweitzer. Sie hat an dem Guten mitgeschafft, das Albert Schweitzer ins Leben gerufen hat, und hat sich in den Dienst gestellt, damit es fortlebt und fortwirkt. Es könnte gar nicht anders sein bei Ali Silver.

Sie weiß, daß "das Kostbarste im Leben das ist, daß wir nicht für uns selber leben, sondern für das, was geschehen muß für die Menschen und für die Wahrheit und für das Gute".

Sie weiß, daß der Mensch gegen sich selbst treu sein muß. "Wenn wir untreu sind, dann wird unsere Seele zerrissen und langsam verbluten wir darüber. Denn Harmonie und Kraft ist nur in unserem Leben, wenn das Äußere ist wie das Innere."

Sie weiß, daß der Mensch treu sein muß gegen andere Menschen. "Treu sein will heißen: Mit den Menschen, die wir kennen, in einer innern Weise verbunden sein, daß wir über allem Kleinlichen stehen, was uns das alltägliche Leben bringen kann, und wissen, daß immer dieses edelste Verstehen, das wir in einzelnen Augenblicken miteinander erfahren durften, uns eint. Über alles andere hinaus. Treu sein gegen Menschen will ferner heißen: Seine Verantwortung fühlen in allem und jedem den Menschen gegenüber, ob sie uns nahe stehen oder fern."

Sie weiß, daß "jeder, der unser bedarf, unser Nächster ist". Geistige Gemeinschaft ist etwas, das man erlebt, aber nur schwer beschreiben kann.

Das sind Albert Schweitzers Worte über unsere Verbundenheit mit Menschen:

"Das Gesetz der Zurückhaltung ist bestimmt, durch das Recht der Herzlich-

keit durchbrochen zu werden."
"Sich kennen will nicht heißen, alles voneinander wissen, sondern Liebe und Vertrauen zueinander haben und einer an den anderen glauben."
"Nur wer Ehrfurcht vor dem geistigen Wesen anderer hat, kann andern wirklich etwas sein."
"Wo Licht in den Menschen ist, scheint es aus ihnen heraus."
"Je mehr man im Leben vorwärts kommt, desto mehr versteht man, daß die wahre Kraft und das wahre Glück uns von denjenigen Menschen herkommen, die uns geistig etwas sind. Wir brauchen sie, um den Weg durchs Leben zu finden, und das Gute, das wir in uns tragen, das wird erst durch ihre geistige Nähe Leben und Tätigkeit."
"Und wenn nur ein paar Menschen miteinander hoffen, dann wirkt um sie eine Kraft, die nichts niederhalten kann, sondern die sich ausdehnt auf die andern."

Es war September 1974, als ich zum ersten Mal das Albert-Schweitzer-Haus besuchte. Am späten Abend kam ich an. Ich verbrachte dort eine Nacht, einen Tag, noch eine Nacht und noch einen halben Tag, nicht mehr - aber ich empfand es wie eine Lebensepoche. Tony van Leer war dabei und Robert Minder. Als mich dann Ali Silver zum Bus begleitete, hatte ich die innere Gewißheit, daß dieses Band der so plötzlich geschlossenen Freundschaft auch eine lange Trennung überdauert. Doch ahnte ich damals nicht, daß in dem Schweren, das mir später das Schicksal bringen sollte, sie sich als dermaßen mittragend und helfend erweisen wird.

Nun lese ich noch einmal ihre Briefe vom letzten Jahr. Es sind Zeugnisse ihres liebevollen Verstehens, ihrer Mitsorge, ihres Mitleidens und ihres sehnsüchtigen Verlangens, daß mit ihren Worten zugleich auch geistige Festigkeit und Mut zu mir kämen. Den einen Brief schrieb sie während ihres kurzen Aufenthalts in Peymeinade. "... Es war ein starker Wind... Du warst da, mit mir, und zusammen spazierten wir stille am Meer entlang. Ich glaube, wir sprachen karge Worte. Es war auch nicht notwendig - es war ein Ausruhen - einander Verstehen - eine Friedenssehnsucht - ein stilles Bitten um Hilfe und Kraft. - - Nein, der 'Allgeist' ist kein persönlicher Gott, der sich kümmert um jedes Leben, aber er nimmt uns auf, verbindet uns irgendwie, will uns erfüllen mit dem, was man 'Liebe' nennt im heiligen Sinn. Dies empfand ich wieder während dieser Spaziergänge, wo Du mir so nahe warst als wärst Du da."

Ich fühle Ali Silvers Nähe. Auch jetzt, auch hier, so weit entfernt. Ich freue mich an Ali Silver. Es ist die Freude am Dasein eines lieben Menschen. Gefallen an einem Menschen enthält immer auch Freude.

Kunitaka Matsumura, Nara

Erinnerungen an das Schweitzer-Haus

Es war ein frischer Tag im Vorfrühling des Jahres 1973. Sanfte Hügel und Felder im Elsaß, die ich vom Fenster im Zug draußen sah, grüßten mich herzlich. Am Abend kam der Zug in Münster an, einem kleinen Ort. Dort übernachtete ich. Am folgenden Tag besuchte ich das Nachbardorf Günsbach. In dem Dorf trat ich zuerst in die Kirche ein, in der A. Schweitzer oft Orgel gespielt hatte. Dann stand ich vor der Tür des Schweitzer-Hauses und wagte es, das Glöckchen an einer Schnur zu ziehen. Da kamen zwei Damen heraus. Es waren, wie sie sich später vorstellten, Frau Ali Silver und ihre Mitarbeiterin Frau Tony van Leer. Ihre freundlichen Gesichter schienen mir im Licht von Aufgeschlossenheit und Schlichtheit. Sie führten mich, einen Fremden aus dem Fernen Osten, freundlich in ein paar Zimmer, wo Verschiedenes aus dem Nachlaß Schweitzers erhalten war. Diese Gedenkzimmer luden mich ein in die Welt seines Lebens und Denkens.

Zum Tee kam noch eine alte Dame aus der höher gelegenen Nachbarschaft. Sie war die Frau von Paul Schweitzer, dem Bruder des "Grand Docteur". Es war erstaunlich, daß sie, damals schon über neunzig Jahre alt, immer noch für die Wirklichkeit unserer Welt großes Interesse zeigte und sich ihres täglichen Lebens freute. Inzwischen bediente uns eine Nachbarin sehr emsig. Nach dem Tee begleiteten mich Frau Ali Silver und Frau Tony van Leer von Günsbach bis Münster. Sie wollten auch ihren Nachmittagsspaziergang mit mir machen. Dabei empfahlen sie mir einen Waldsteig, den A. Schweitzer eine Zeitlang in seiner Jugend eingeschlagen hatte, um zur Realschule in Münster zu gehen. Zwar trieben Bäume und Büsche noch keine Knospen, die Luft aber war schon voller Duft des Vorfrühlings. Jenseits des Münstertals schwammen die Berge der Vogesen so lieblich im blauen Dunst, wie man das in einer Tuschmalerei sieht. Als wir gerade Münster erreichten, beglückte uns ein unbeschreiblich schönes Abendrot. Wir riefen einander bewundernd zu: "Wie herrlich!" und blieben dann eine Weile stehen, ohne ein einziges

Wort zu sagen. Da standen wir gleichsam als ein Teilchen der großen Natur und Münster sah aus, als wäre es ein von Gott selbst gemaltes Bild. Nach dem Abschied von meinen Begleiterinnen konnte ich nicht gleich von dort weggehen, so gebannt war ich von dem Erlebnis. Bis tief in die Nacht hinein war ich wach, wobei mir jenes Abendrot, das ich mir angesehen hatte, vor den Augen schwebte.

Dann besuchte ich nach einigen Monaten wieder das Dorf Günsbach. Eingeladen war ich zum alljährlichen Gespräch im "Akewa-Haus", dem Gästehaus für Schweitzer-Freunde aus aller Welt. Ein Koreaner, Herr Don Kyu Paik, der in Lyon Physik studierte, war schon vor mir da, um auch daran teilzunehmen. Jeder von uns konnte nicht die Muttersprache des anderen sprechen. Wir stimmten aber sogleich im Herzen überein. Da kam mir die Stimme von Martin Luther King zu Ohren: "Ich habe einen Traum, daß alle Grenzen fallen, daß sich die Menschen ihres Menschseins besinnen und alle eins werden! Ich habe einen Traum, daß sich die Kinder aller verschiedenen Nationen und Rassen in Liebe begegnen und sich umarmen..." Diese Worte stimmen gleichsam mit denen A. Schweitzers überein: "Aufhebung des Fremdseins zwischen uns und den andern Wesen". Als wir uns für das Thema des Gesprächs im "Akewa-Haus" vorbereitet hatten und es uns dann bequem machten, kam Frau Ali Silver zu uns und gab uns zwei blaue Kittel und zwei Sensen. Sie bat uns, Gras um das Gästehaus herum zu mähen. Ich arbeitete am ganzen Körper schwitzend mit meinem Kollegen. Da fiel mir plötzlich ein, daß das ja auch die Arbeitsweise A. Schweitzers in Afrika gewesen sein würde. Das Erlebnis prägte sich auch in meine Seele ein.

Zum Gespräch, das unter der Leitung von Herrn Dr. Baur stattfand, kamen junge Leute aus verschiedenen Ländern Europas zusammen. Sie interessierten sich für das Leben und Denken A. Schweitzers. Ich selbst berichtete kurz über die Rezeption seines Geistes in Japan. Ein junger Organist aus der BRD, Herr Rainer Noll, der auch an diesem Treffen teilnahm, spielte uns einige Werke von J. S. Bach vor. Dadurch brachte er uns allen den Geist A. Schweitzers noch näher. Kurz nach dem Gespräch lieferte er einen schriftlichen Beitrag für "Berichte aus Lambarene". Diesen übersetzte ich ins Japanische, denn ich erkannte darin ein gutes Beispiel für die Ehrfurcht vor dem Leben in der heutigen Welt. Niemand zweifelt daran, daß diese Idee einen wichtigen Kern des Gedankengutes A. Schweitzers zum Ausdruck brachte. Es ist aber nicht leicht, das in die Tat umzusetzen. A. Schweitzer selber gab uns ein Beispiel dafür durch seine, den Einheimischen dienende Lebenszeit in Lambarene. Anders gesagt: nach dieser Idee lebte er ganz und gar auf die ihm eigene Art und Weise. Wir sind auch gefordert, so zu leben, und zwar so, wie es uns möglich ist.

Im März des folgenden Jahres, kurz vor meiner Heimkehr nach Japan, führte mich die Dankbarkeit noch einmal zum Schweitzer-Haus. Wegen des

Abschiedes stimmte mich dieser Besuch ein wenig traurig. Frau Ali Silver war, wie gewöhnlich, mit Arbeiten überhäuft. So wollte ich sie nicht lange stören. Trotzdem war sie so freundlich zu mir, daß sie mich bis nach Colmar begleitete. Auf dem Bahnsteig wartete ich schweigend auf den Zug nach Strasbourg. Mein Dank war zu groß, als daß ich ihm einen passenden Ausdruck hätte geben können.

Nun gestatte ich mir, an Frau Ali Silver meinen zwar verspäteten, aber nicht minder herzlichen Dank zu richten. Durch ihre gütige Vermittlung begegnete und begegne ich auch heute noch A. Schweitzer und seinem Geist im wahren Sinne.

Eleonore Stakenburg-Mees, Rotterdam

Abgeholt mit dem Wägele...

August 1947
Bahnhof Günsbach. Abgeholt mit dem "Wägele" für die Koffer.
Auf dem Weg zum Haus – das Albert Schweitzer-Haus, worüber meine Mutter erzählte. Frau Martin ist dort die Gastgeberin. Mademoiselle Emma kommt mir entgegen. Sie ist gerade aus Lambarene zurückgekehrt. Lambarene – das Wort, das für mich die Ferne bedeutet. Das Spital, von dem meine Eltern reden, wenn sie über Doktor Schweitzer sprechen; der bei uns zu Tisch geladen war, wenn er in Holland Vorträge hielt und Orgelkonzerte gab. Er wohnte dann bei Frau Oberman, aber meine Mutter, die autofahren konnte, fuhr ihn zur Kirche, wo er stundenlang auf der Orgel übte, und holte ihn nachher wieder ab.

Bei uns zuhause stand er am Fenster und schaute in den Garten. Im Teich schwammen einige Schwarzhals-Schwäne. Dr. Schweitzer sprach mit meinem Vater über die Vögel... Nun bin ich in seinem Haus. Wer ist dort? Eine Amerikanerin, still und bildhübsch, aber doch eine Persönlichkeit. Wie schön kann sie malen! Und eine Holländerin: Ali Silver, die in Lambarene arbeiten wird. Sie ist Krankenpflegerin und hat auch das Diplom zur Pflege der Geisteskranken, was sich als sehr nützlich erweisen wird. Sie sagte: "Ik ga niet zozeer om de màn, maar om het wèrk."

Frühjahr 1950
Lambarene! Die Welt von Wasser, Urwald und Hospital öffnet sich für mich. Zwischen den Spitalbauten das Stimmengewirr der Eingeborenen. Durch die Palmen sieht man das Glitzern des Ogowe-Flusses. Langsam kommen die Arbeiter den Weg herauf. Der Grand Docteur teilt die Geräte aus, lüftet mit Schwung seinen Hut und sagt: "Au travail messieurs!" - Ich darf nicht zum Dorf am anderen Ufer des Flusses, wo Tam-Tam gespielt wird. Die Mücken! Ich darf nicht allein in den Urwald gehen. Aber an einem Sonntag darf ich mit Ali einen Spaziergang machen. Herrlich! Dann wird

jedoch ein Patient gebracht, ein dringender Fall. Ali muß hin und kann nicht weg. Ich erzähle es Herrn Schweitzer. Er sagt: "Die Ali ist wie ich. Die Arbeit..." Er sagt etwas über sie, sich selber und die Arbeit. Daß für sie beide die Arbeit zuerst kommt, immer. Leider erinnere ich mich nicht mehr an den exakten Wortlaut, aber wohl das Wichtigste: Die Ali ist wie ich.

Im Sommer in späteren Jahren.
Günsbach. Das geliebte Haus. Es wird geklingelt. Zahlreiche Feriengäste kommen, um das Haus zu sehen. Die Orgelbilder im Treppenhaus, die Wiege im Schlaf-Arbeits-Zimmer, der Negerkopf, die Säckchen mit Schlüsseln, die Briefe, Buzer, Oberlin... alles hat eine Bedeutung im Leben des Mannes, von dem manche zum ersten Mal etwas erfahren. Du erzählst. Du hoffst, daß sie ihn ein wenig kennenlernen.
Oben ist es, was die Menschen betrifft, einheitlicher. Dort im hellen Zimmer herrscht die Ordnung vom "Bureau", voll lebender Erinnerungen – Fotos, Aquarelle, Pagnes (auf Raffia gemalte Bilder) – dort geht das Leben weiter, im Geiste von ihm, der dies alles belebte. Im gemütlichen Wohnzimmer finden sich die Gäste, die helfen, diesen Geist weiterzuführen. Französisch, Deutsch, Englisch, Portugiesisch, Holländisch, Japanisch... alle Sprachen vermischen sich mit dem Duft der guten "Gourmandises", die aus der Küche kommen.

Noch höher im Haus wohnen die geschwinden, erfahrenen, gewandten Geister, die das Haus und das Werk nicht nur weiterführen, sondern vor allem beseelen.

Schnell noch eine Bluse bügeln. Das eigene Bett findet keine Zeit, gemacht zu werden. Wird dort wirklich noch geschlafen? – Es wird geklingelt, im Trab hinunter. – Durchs Fenster: "Qui est là?" Wieder jemand, der etwas wissen will, eine Nachricht bringt, der empfangen wird, der zu essen und zu trinken bekommt und Aufmerksamkeit erhält. Wenn er nachher dankbar das Haus verläßt, kennt er Albert Schweitzer wieder ein wenig besser, in und durch sein Haus.

Durch Ali. Durch Tony. Und einst durch ihren Freund, den Hund Toffi. Sauvage, aber lieb.

Péter Göblyös, Budapest

Mondschein in Günsbach

Günsbach! Maison Schweitzer! Die ehemalige europäische Raststätte, das Museum und das Zentrum für Albert Schweitzer!

Mein alter Traum hat sich verwirklicht, als ich 1976 aus Strasbourg, an einem Ruhetag eines Kongresses, an einem schönen Juli-Nachmittag, nach Günsbach zu fahren Gelegenheit hatte.

Es war ein großes Erlebnis, das Schweitzer-Museum, sein Arbeitszimmer, seinen Schreibtisch mit den berühmten Bleistiftstummeln zu sehen, es gab aber ein noch größeres Erlebnis: die enthusiastischen Erklärungen, die unermüdliche Begleitung des liebenswürdigen Fräulein Ali Silver, mit silbernem Haar, aber jugendlichem Lachen.

Dank ihrer Liebenswürdigkeit hatte ich noch ein Sonder-Erlebnis: ich konnte nicht nur Schweitzers bekanntes Pedal-Klavier sehen, ich konnte es auch ertönen lassen. Nachdem ich mein geliebtes Choralvorspiel von Bach: "Ich ruf' zu dir, Herr Jesu Christ" gespielt hatte, hatte ich eine weitere Überraschung: die nette Mitarbeiterin von Ali Silver, Tony van Leer, projizierte - mir allein - den Film, in dem Albert Schweitzer eben dieses Choralvorspiel spielte.

Leider konnte ich nie dem "Grand Docteur" persönlich begegnen, aber dieses Gespräch, worin die beiden Damen über ihn, den Menschen, den Mitarbeiter einfach, ohne Förmlichkeiten gesprochen haben, war sehr lehrreich für mich, und ich hatte das Gefühl, daß er selbst dort, unter uns, war.

Wahrscheinlich haben die beiden Damen die Angaben, die ich hörte, noch vielen Besuchern mitgeteilt, doch schien es nicht eine Routinearbeit einer Museumswächterin zu sein. Das ganze Gespräch wirkte so, als ob wir einander schon früher kennengelernt hätten, und sie alles zum ersten Male gesagt hätten.

Mit diesem Besuch hat unsere persönliche Verbindung begonnen, die bis jetzt sich nur auf Briefwechsel beschränkt hat; ich habe aber im Herbst

1983 - nach dem Vorschlag von Ali Silver - eine Einladung nach Cambridge, für das Schweitzer-Symposium bekommen. Hier hat Fräulein Silver - die sich inzwischen gar nicht geändert und ihre Freundlichkeit, Humor, jugendliche Zartfühligkeit unzerstört erhalten hatte - mich nach diesem einzigen Besuch, nach sieben Jahren, nicht nur erkannt, sondern sich auch an mein Klavierspiel erinnert.

Bis jetzt habe ich über einen Nachmittag geschrieben, und im Titel steht doch "Mondschein". Ich habe damals in Günsbach wirklich den Mond gesehen, den glänzenden Stern, der das Licht der untergegangenen Sonne auf die Erde strahlte.

Ich wünsche recht herzlich, daß die reinen Strahlen dieses Mondes noch sehr lange für viele Menschen den richtigen Weg zeigen, und die Wirkung der goldenen Sonne silberisch / SILVERISCH/ strahlend leuchten möge.

Rose-Marguerite und James Bäumler, Münchenstein (Schweiz)

Die schwarzen Dosen

"So, da habt ihr wieder eine Dose." Mit diesen Worten brachtest Du uns ungezählte Male eine der schwarzen Schachteln aus dem Archiv, damit wir unsere Arbeit fortsetzen konnten.

Wenige wissen wohl, welche Schätze sich in den unzähligen "schwarzen Dosen" im Albert Schweitzer-Archiv in Günsbach befinden, und noch weniger Leute ahnen, wieviel Zeit und Arbeit dahintersteckt. Zeit und Arbeit von wem? Hauptsächlich von unserer Jubilarin, von Dir, liebe Ali Silver.

In Deinem Arbeitsraum stehen diese pechschwarzen Karton-Schachteln, fein säuberlich zugeschnürt und angeschrieben, zuhauf, links und rechts bis hoch zur Decke aufgetürmt; unzählige finden sich noch im Keller.

Wieviel Arbeitszeit mußte wohl aufgewendet werden, um diese Hunderte von schwarzen "Dosen" zu füllen mit Briefen und Dokumenten des "Grand Docteur"? Wir wissen es nicht und werden es von Dir kaum je erfahren. Es galt, weit über 60.000 bis 70.000 Briefe zu sortieren, in Mäppchen einzulegen, zu beschriften und in diese Pappschachteln zu versorgen. Jetzt, wo all diese Arbeit getan ist, können wir uns kaum denken, wie es am Anfang ausgesehen haben muß, als diese Riesenberge von Papier in Koffern und Kisten verpackt überall herumgestanden sind. Da hast Du wohl speziellen Mut und viel Zuversicht benötigt, um Dich an das Aufräumen zu machen!

Mit dem Versorgen in die schwarzen "Dosen" war aber die Arbeit nicht beendet. Diejenigen, die einen bestimmten Brief suchen, müssen ihn ja auch finden können. Da staunen wir immer wieder über das Gedächtnis unseres "Geburtstagskindes", der Betreuerin dieser vielen unersetzlichen Dokumente. Meist schon nach kurzem Überlegen nimmst Du eine kleine Leiter, steigst hinauf und holst eine der z.T. recht schweren, schwarzen "Dosen" herunter, schnürst sie auf und ziehst nach kurzem Blättern den gewünschten Brief hervor. Das ist nur möglich, weil alle Briefe in Mäppchen abgelegt sind, die mit entsprechenden Abkürzungen je nach Thema des

Briefes bezeichnet sind. Dazu mußte aber zuerst jeder Brief durchgelesen werden, eine oft mühsame Arbeit je nach Handschrift des Absenders, eine Arbeit, die auch die Kenntnis von mindestens drei Sprachen (Deutsch, Französisch und Englisch) erfordert. In komplizierten Fällen findet man nach kurzer Zeit in der von Dir angelegten Kartei, in der Empfänger und Absender der Briefe alphabetisch geordnet sind, in welcher "Dose" sich das Dokument befinden muß. Diese Kartei besteht aus ungezählten kleinen Zetteln, sauber und exakt beschriftet, wohlgeordnet, praktisch, aber mit sparsamsten Mitteln angelegt.

Beim Lesen der Briefe stößt man oft auf Fragen oder auf merkwürdige Adressaten und Namen. Mit seinem typisch elsässischen Humor redet Albert Schweitzer seine Verwandten und engsten Mitarbeiter oft mit Spitznamen an: "liebes Bummerle" oder "lieber Waldmensch" usw. Auch hier kannst Du uns weiterhelfen. Du weißt, wer gemeint ist und wieso Schweitzer diese Übernamen gewählt hat.

Einige Monate sind vergangen seit unserm letzten Aufenthalt in Günsbach. Aber wir denken oft an die "schwarzen Dosen" und sehen Dich, liebe Ali, dann immer aktiv, unternehmungslustig und fröhlich vor uns und wünschen Dir, daß Du noch lange mit Freude und bei guter Gesundheit Deine geliebte Arbeit verrichten kannst.

Zum Schluß soll noch ein anderer, der Dich und Deine Arbeit in Lambarene aus nächster Nähe gekannt hat, ein paar Worte sagen. Wir holen – hoffentlich nimmst Du es uns nicht übel – eine schwarze "Dose" aus dem Keller, die mit "ALI SILVER" angeschrieben ist, und lesen:

10.10.1948 auf der "Foucault"

... Es ist mir, liebe Ali, so eine Beruhigung, dich in Lambarene zu wissen und die Gewißheit zu haben, daß du in deiner ruhigen Art, alles recht machst und daß das Spital in meinem Geiste geführt wird. Was das für mich bedeutet, kann ich dir nicht ausdanken.....

Strasbourg, 24.9.1954

Liebe Ali,

.... ich schreibe dir im Auto, auf der Fahrt nach Kopenhagen. Ich versuche die Zeit der Fahrt auszunützen. Tausend Dank für deine lieben Briefe.

1. Devika hat sich entschlossen zurückzukommen. Sie wird etwa am 1. Dez. per avion abfahren.

2. Wir haben eine gut ausgebildete Schweizer Pflegerin, 30 Jahre, mit guten Erfahrungen, Ursula Pfenniger. Sie wird mit Devika fliegen.

3. Köttele kommt wieder zurück. Sie fährt im Februar. Sag es auch dem Kudelen. Der wird sich freuen.

Ich denke, daß diese Nachricht dir das Herz erleichtert. Ich schreibe dir während wir mit 100 Kilometer per Stunde fahren ....

Günsbach, 5.9.1955

Liebe Ali,
..... ganz ergriffen lege ich deinen Brief vom 1.9. aus der Hand! Wie müde musst du gewesen sein, dass du die Impfpapiere meiner Frau in der Schublade liegen liessest und wie sehr muss dies auf dir lasten, soweit ich die grosse Empfindlichkeit deines Verantwortungsbewusstseins kenne. Aber du bist ja von jedem Tadel freigesprochen. Nie kann ich je einen Tadel gegen dich formulieren, du die so Tüchtige, die so Gewissenhafte! .....
... und nun froh sein, dass wir uns im Leben getroffen haben und Sorgen und auch Freude miteinander teilen dürfen. Grüsse die lieben Tiere alle, auch das schöne Lambarene. Meiner Schreibkrampfhand geht es schlecht. Das ist eine grosse Hemmung für mich. Ich leide schwer darunter........

Günsbach, 13.8.59

Liebe Ali,
ich habe dir noch gar nicht recht gedankt, was du in das Reisebuch eingetragen hast. Was hast du dir Mühe gegeben und alles in der Nacht geschrieben. Ich bin ganz bewegt, wenn ich es in die Hand nehme. Du bist ja so gut für mich. Es tut weh, fern von dir zu sein und zu wissen, dass du die grosse Arbeit tust und die grosse Verantwortung trägst........

Herzlich dein Albert Schweitzer

Red' den beiden lieben Vierbeinern von mir unter der Pharmazie, wo sie meine Genossen waren. Ich hänge an beiden. Grüss und streichle den Papagei.

Gretel Haeser, Basel

Kleine Tiergeschichten in Günsbach

Friedlich liege ich in meinem Bett, den Tag überdenkend, noch etwas lesend. Nebenan ist noch alles ganz still - - Ali arbeitet wie gewöhnlich noch zu später Stunde. Da - auf einmal raschelt es ganz leise, dann ein feines Knabbern. Gespannt lausche und schaue ich, woher wohl dies Nachtgeräusch kommt. Da huscht etwas über den Boden, bleibt stehen, setzt sich und beginnt sich zu putzen -- ein allerliebstes Mäuslein! Regungslos schaue ich dem Nachtgespenstlein zu -- jetzt huscht es zum Papierkorb -- offenbar findet es dort allerlei Leckerbissen, Apfelkerne oder was weiß ich. Laß Dir's gut schmecken! --- Bald darauf kommt auch die Nachteule Ali leise die Treppe herauf und geht in ihr Zimmer. Und siehe da, auch sie erhält nächtlichen Besuch, wie ich nach einigen Tagen vernehme! So freuen wir uns in aller Stille und Verschwiegenheit an dem zierlichen Wesen mit den großen Augen, den feinen Ohren und flinken Bewegungen, und da wir es, zwar mit etwas schlechtem Gewissen, auch e bitzeli füttern, so verliert es bald alle Scheu -- bis eines Nachts das Tierchen Gesellschaft mitbringt. Nein, das können wir nun doch nicht so weitergehen lassen, und so müssen wir die nächtlichen Familienszenen jäh und konsequent abbrechen. --- Sind es wohl späte Nachfahren, die Jahre später eine zahlreiche und sehr hartnäckige Familie in Küche und Speisekammer gründen???

An einem herrlichen Frühlingsmorgen öffne ich weit die Fenster im großen Zimmer und atme tief die reine frische Luft. Alles ist noch still und friedlich. Gurrrr grrrr grrrr - erklingt es leise, ich schaue mich um, schaue zum Fenster hinaus - nichts. Gurrrr gurrr, wieder und wieder grrr grrr grrr ---- da entdecke ich hoch oben auf dem Ofenrohr des weißen Ofens eine Taube, die mich unverwandt anschaut und angurrt. Ich spreche mit ihr, will ihr durch alle geöffneten Fenster den Weg ins Freie weisen - sie denkt nicht daran und gurrt weiter. Da hole ich Ali -- auch sie wird freundlich angegurrt. Wir haben unsre Freude an dem Tierlein, dem es ganz offensichtlich hier zu gefallen scheint und das wohl Ausschau hält nach einem sichern Nistplatz. Aber schließlich muß ich ja in die Küche - der Kaffee soll pünktlich auf dem Tisch stehen, sonst..... Doch als ich nach einer Weile ins Eßzimmer komme -- wer sitzt da auf dem offenen Fenster und gurrt? Unsre Taube! Sie läßt sich überhaupt nicht stören - ja sie läßt sich mit sichtlichem Vergnügen auf dem geöffneten Fenster hin und her schaukeln -- bis wir sie eben doch energisch vertreiben müssen, zum Taubenschlag sind die Zimmer im Schweitzerhaus nun eben doch nicht ganz geeignet!

Viele Jahre später sitzen wir gemütlich bei einem Gläschen Wein im "Salon", der früher Tabu war für gewöhnliche Sterbliche. Unter dem Tisch schnarcht die geliebte Hündin Toffi. Im angeregten Gespräch geschieht es, daß ein volles Glas umkippt und sich der Inhalt auf den Teppich ergießt. Im selben Augenblick schießt Toffi hervor und beginnt eifrig und anscheinend mit höchstem Genuß aufzuschlabbern, bis kein Tröpflein mehr zu erwischen ist. Wir Menschen schauen verblüfft und mit höchstem Vergnügen auf dies unerwartete Schauspiel. Wohl bekomms, liebe Toffi!

An einem herrlichen Sommermorgen ließ sich Ali (oh Wunder...) überreden zu einem kleinen Spaziergang. Toffi war, wie immer, begeistert. Bald saßen wir hoch über dem Denkmal auf einem Wiesenbord, schauten ins Land hinaus und freuten uns an der Weite und sonntäglichen Stille des schönen Tales. Da bewegte sich etwas unten am Waldrand -- wieder etwas -- und da quillt es hervor - erst nur eine graue Masse, dann erkennen wir eine große Schafherde. Silbern glänzen die Tiere in der Morgensonne, wie sie langsam die Wiese heraufziehen - blökend, fressend, mit leisen Glöckchen und begleitet von ihrem Hirten, einem Mann mit weitem Mantel, Hut und Hirtenstock -- wahrhaftig ein eindrückliches, "alt-testamentarisches" Bild -- unvergeßlich. Nur die gute Toffi -- die ist sichtlich verstört und weiß nicht so recht, soll sie nun die vorüberziehende sonderbare Schar anbellen. Doch es scheint ihr ratsamer, sich dicht an Ali zu drängen und "vom sichern Port" aus das Geschehen zu beobachten und mißtrauisch den Hirten zu betrachten, der uns aus seinem Wanderleben erzählt. Und dann atmet sie befreit auf, als die Herde langsam davonzieht. Doch wir Menschenkinder freuen uns noch lange an diesem sonntäglichen Geschehen, während Toffi sich schadlos hält an einigen Himbeeren, die sie sorgfältig "mit gespitzten Lippen" vom nächsten Himbeerstrauch pflückt.

Albert Wu Fu Chen, Lo tung (Taiwan)

Ein Brief aus Taiwan

Sehr verehrte Ali Silver!

Gestatten Sie, daß ich am Anfang erzähle, wie ich zu Albert Schweitzer in Beziehung trat.

Meine Heimatstadt liegt an der Ostküste von Taiwan und hat etwa 30.000 Einwohner. Hier bin ich jeden Tag als Augenarzt tätig. Während meiner ärztlichen Tätigkeit habe ich gesehen, wie junge Menschen, die durch Unfall oder Krankheit das Sehvermögen verloren haben, in Mutlosigkeit versunken sind. Während ich die Schwäche der Menschen spürte, hoffte ich andererseits, ihnen bei ihrer Genesung zu helfen.

Heute leite ich ein privates Blindenzentrum, und dabei möchte ich nicht leugnen, daß ich von der Geschichte eines Blinden (Bibel, Johannes 9) einen Anstoß erhielt. Jesus spricht hier: "...... Ich muß wirken die Werke des, der mich gesandt hat, solange es Tag ist; es kommt die Nacht, da niemand wirken kann ..." Die Schilderung eines einzelnen Blinden hat in der Bibel einen wirklich großen Raum eingenommen.

Augenkrankheiten zu heilen und das Sehvermögen wiederherzustellen, ist die Aufgabe eines Augenarztes. Dennoch zu sehen, wie erblindeten Menschen nicht mehr zu helfen war, war sehr qualvoll und schwer, besonders, weil ich selbst in einer warmen familiären Umgebung aufwuchs und eine glückliche Jugendzeit hatte.

Gerade in jener Zeit hat mich ein Artikel über Dr. Schweitzer, den Dr. Takahashi in einer Zeitschrift veröffentlichte, und das Buch "Eine Biographie: Albert Schweitzer" von Dr. Nomura, in dem er das Spital von A. Schweitzer in Lambarene beschreibt, sehr beeindruckt. Unter diesem Einfluß habe ich begonnen, ein Blindenzentrum aufzubauen.

Die Augenärzte kennen die Probleme und Bedürfnisse der Blinden am besten, aber privat ein Blindenzentrum zu gründen, ist nicht leicht. So habe

ich Albert Schweitzer geschrieben und ihn um Rat und um geistige Unterstützung gebeten. Ich bekam aber keine Antwort und dachte, daß er viel zu tun hat. Ohne auf seine Antwort zu warten, wagte ich mich an die Arbeit. Später bekam ich über Dr. Takahashi eine Antwort von ihm, die kurz war, über die ich mich aber sehr freute. In demselben Zeitschriften-Artikel las ich, daß Sie, verehrte Ali Silver, als Oberschwester und Sekretärin im Spital arbeiten, was zum Ausgangspunkt für unseren Briefwechsel wurde.

Unsere erste Begegnung war im April 1968. Sie waren von der japanischen Albert Schweitzer-Fellowship eingeladen worden und hielten in Japan und Korea mehrere Vorträge. Dank der Vermittlung von Dr. Takahashi besuchten Sie auf Ihrer Rückreise Taiwan, und wir freuten uns sehr, daß wir Sie empfangen durften. Ich werde nie vergessen, wie Sie in Taipei, ganz in Weiß, aus dem Flugzeug gestiegen sind.

Taiwan befand sich damals im Aufbau und es wurden noch nicht viele Bücher verlegt. Werke von Albert Schweitzer waren in chinesischer Sprache noch kaum zu sehen. Seinen Namen kannten nur wenige Leute. Heute, fünfzehn Jahre später, steht die Geschichte von Albert Schweitzer in den Lehrbüchern für die Grundschule.

Nach Ihrer Ankunft in Taipei besuchten Sie den Vorsitzenden der taiwanesischen A. Schweitzer Fellowship, Dr. Kuo. In meiner Begleitung fuhren Sie dann mit dem Auto drei Stunden lang über eine Bergstraße bis Lo tung. Ohne die geringste Müdigkeit zu zeigen, hielten Sie an diesem Abend im katholischen Krankenhaus einen Lichtbildervortrag. Am nächsten Morgen kehrten Sie, nachdem Sie meine Blindenschule besucht und an der Grundsteinlegung der Blindenschriftbibliothek teilgenommen hatten, wieder nach Taipei zurück. Unter der Führung meiner Tochter statteten Sie dem Taiwan Theological College einen Besuch ab, wo Sie den blinden Studenten Jack Lin aufmunterten, der später der erste blinde Pfarrer in Taiwan werden sollte. Danach besichtigten Sie das Mackey Hospital, ein Lepra Sanatorium, und flogen anschließend nach Beendigung Ihres anstrengenden Besuchsplans nach Europa zurück.

Im August 1974, vor der Teilnahme an einem internationalen Kongreß für Augenärzte in Paris, hatte ich zum ersten Mal die Gelegenheit, das Albert Schweitzer-Haus in Günsbach zu besuchen. Es hat uns (d.h. meine Frau und Tochter und mich) sehr gefreut, daß Sie und Tony uns am Straßburger Bahnhof abgeholt haben. So konnten wir während der Fahrt auf der elsässischen Weinstraße nach Günsbach die friedliche Landschaft genießen. Als wir in Günsbach ankamen, dämmerte es bereits. Wir übernachteten im Albert Schweiter-Haus. Früh am nächsten Morgen blickte ich aus dem Fenster und sah die Kirche. Ich ging am Bach entlang spazieren und dachte an Albert Schweitzer. Das ist für mich eine unvergeßliche Erinnerung.

Jedesmal, wenn ich Ihre Briefe lese, fühle ich mich ganz erfrischt und aufgemuntert, wie wenn ich kühles Wasser aus einem Bergbach getrunken hätte, und ich bin manchmal erstaunt, wie genau Ihre Vorahnungen zutreffen. Zum Beispiel: Eines Tages mußte ich zu einer Operation ins Krankenhaus. Ich erinnere mich an die folgenden Worte in Ihrem Brief, den ich nach meiner schweren Operation im Krankenhaus erhielt. "..... Dr. Chen, ich habe komischerweise das Gefühl, daß Sie krank sind. Natürlich hoffe ich, daß Sie gesund sind, aber der Gedanke kommt mir immer wieder. ......" Ist das nicht erstaunlich, wie Ihre Vorahnung zutraf? Der Brief wurde gerade an meinem Operationstag von Günsbach abgeschickt. Natürlich hatte Sie niemand davon benachrichtigt.

Ich möchte auch hier kurz erzählen, wie Sie sich ununterbrochen um alle Dinge kümmern. Ich glaube, daß es für einen Augenarzt nichts gibt, was nicht wichtig ist. Ihre Einstellung, nichts zu vernachlässigen, ist der eines Augenarztes ähnlich. Über Ihre Arbeitseinstellung denke ich wie folgt: Sie glauben nicht nur, daß das, was Sie tun, richtig ist, sondern es wird deutlich, daß Sie es für notwendig halten, die Gedanken und Werke A. Schweitzers anderen Leuten mitzuteilen.

Die Rolle, die Sie unter den Schweitzerianern in der ganzen Welt haben, ist bestimmt nicht gering. Sie wollen es zwar nicht zugeben, aber die Rolle ist in der Tat groß. Überhaupt sollte selbstloses Handeln so aussehen.

Sehr verehrte Ali, zum Schluß möchte ich sagen: Ich bin überzeugt, daß sich Taten der Liebe unbegrenzt ausbreiten und ein Herz voller Liebe bis in die Ewigkeit reicht.

Viele Grüße auch von meiner Frau und Tochter Joyce

Ihr Albert Wu Fu Chen

Kapitel IV

Worte des Dankes

Silver by name, silver-haired, a precious metal
polished by the love, labour and devotion of 70
years. Ali will never tarnish and her value is
beyond measuring. She is one of the unforgettable
people in the lives of the thousands who have
met her – of whom I am gratefully one –

James Brabazon, London

Amélie Marchal, Paris

Lettre d'anniversaire

Chère Ali

Voici que vous tenez entre vos mains ce grand bouquet d'amitié partagée dont chaque fleur est différente: en y joignant la mienne, je participe à cette symphonie vivante et colorée qui restera dans votre cœur.

Chaque fleur de ce bouquet a sa forme et son parfum: je choisis pour vous, une fleur jaune à sept pétales, symbole du soleil qui ne ternit pas; qu'elle vous apporte toutes les senteurs des sous-bois et des prés printaniers.

Chaque fleur, également, vous rappellera une ou plusieurs étapes de votre vie, de cette vie que vous avez voulue fidèle au même sillon et efficace toujours.

Chaque fleur, enfin, vous transmettra des vibrations secrètes que vous seule pourrez identifier.

En liant la gerbe de votre regard, vous laisserez se répercuter en vous un écho sans fin.

Bon anniversaire!

Gustav Woytt und Marie Woytt-Secretan, Strasbourg

Liebes Fräulein Ali,

Über Japan haben wir erfahren, daß Fräulein Ali demnächst 70 Jahre alt wird. Wir können es noch kaum glauben, so schnell sind die Jahre, seit wir sie kennen, vergangen.

Meine Gedanken gehen um mehr als ein Vierteljahrhundert zurück, in die Zeit, da meine Schwiegermutter im oberen Schweitzer-Haus wohnte und Frau Martin im unteren. Bei einem unserer Besuche dort erzählte sie uns: Bei Frau Martin ist jetzt eine Holländerin, die sich vorbereitet, nach Lambarene zu gehen. Zugleich lernt sie hier noch gut Französisch, denn an diesem fehlt es ihr noch. Auch mit mir spricht sie immer Französisch. Heute spricht sie es fließend.

Nun, da so viele Jahre verflossen sind, kommen mein Mann und ich und wünschen Ihnen ebenso viele Jahre wie seither im Günsbacher Haus in guter Gesundheit und Frische.

Ihre
Marie Woytt-Secretan

Maria Luisa da Gama Santos, Lissabon

Parler de quelqu'un qui, comme notre amie Ali SILVER, est un exemple de vie riche et féconde, m'est, au premier abord, particulièrement difficile, car si les mots sont bien pauvres pour exprimer la tendresse, l'amitié, l'admiration, la gratitude qu'Ali nous inspire, ils peuvent en outre devenir dangereux, là, où le silence serait plus éloquent.

Mais voilà que notre Amie possède une qualité toute spéciale et unique, voire magique, comme une association rapide, un réflexe, penser à Ali, est, pour moi, synonyme de bleu, ce qui est tout de même mieux que de voir rouge! Miracle de Delft?

Depuis que je la connais, beaucoup de choses ont pris une tout autre interprétation, par exemple, avoir une «peur bleue» ce n'est plus possible, de même celui qui a classé les couleurs et a mis le bleu dans la catégorie des couleurs froides! Parbleu! Il a ignoré la couleur du ciel d'été et la tiédeur de la Méditerranée, ce qui est impardonnable. Bien sûr, il n'a pas pu prévoir le regard d'Ali qui, du bleu du ciel et de la mer, en est le reflet et le prolongement. Mais, par contre Gershwin a vu juste, avec sa Rhapsody in Blue!

Et pour terminer ces quelques lignes sous lesquelles se cache une admiration infinie pour quelqu'un qui s'est si totalement dévoué aux autres, dans un monde qui s'est par sa seule présence active «ébleui», je me réjouis de pouvoir, bien que tout simplement, m'unir à tous ceux qui fêtent dans leur cœur le tout jeune 70ème anniversaire d'Ali SILVER.

Anita und Fritz Dinner-Obrist, Basel

Verehrtes, liebes Fräulein Ali,

es muß bei unserem ersten Aufenthalt in Lambarene gewesen sein, daß Sie uns in freundlicher Weise durch das Spital führten und uns dessen Betrieb erklärten. Auch bei unserem zweiten Aufenthalt (1965) hatten Sie sich unser angenommen. Es herrschte damals unter dem Spitalpersonal eine gedrückte Stimmung, da die Kräfte Albert Schweitzers abnahmen und nach einigen Tagen zu seinem Tode führten. Nach dem Ableben des Meisters mußte der Spitalbetrieb weitergehen.

Sie haben damals davon gesprochen, sich wenn möglich in Europa für die Sache Ihres Vorbildes einzusetzen. Ihr Wunsch erfüllte sich und das Doktorhaus in Günsbach wurde Ihre neue Heimat. Ordnen der Bibliothek, Korrespondenzen mit aller Welt, Besucher empfangen, Vorträge halten besorgen Sie meisterhaft. Die Bewahrung des Kulturgutes Albert Schweitzers ist bei Ihnen in besten Händen. Dafür danken wir Ihnen aus Anlaß Ihres 70. Geburtstages herzlich. Möge Ihnen beschieden sein, die bisher erfolgreiche Tätigkeit in voller Kraft fortzusetzen – ad multos annos.

Herzlich Ihre
Anita und Fritz Dinner-Obrist

Aline van der Tuuk-Adriani, Delft

Liebe Ali!

Es ist ein guter Gedanke, daß Freundeshände dieses Album für Dich zusammenstellen. Jeder, der daran mitwirkt, wird sich darüber im klaren sein, auf welche Weise sie oder er mit Dir verbunden war... und verbunden bleibt.

Wenn ich an unsere Freundschaft denke, dann war der Anfang in unserer Ausbildungszeit oft erschwert durch die Kriegsjahre.

Du wähltest Lambarene, Dr. Schweitzer war die Inspiration Deiner Arbeit und Deines Lebens. Aus Deinen Briefen konnte ich einigermaßen verstehen, wie das Leben dort war. Trotz der vielen Arbeit bliebst Du Deiner Freundschaft treu und voller Hingabe. So wie Du auch Deiner Kirche treu bliebst. Deshalb schenke ich Dir von ganzem Herzen das Buch von Prof. Hoenderdaal. Du wirst die ganze Geschichte Deiner Kirche darin finden: die Zeit, die Du selber mitgemacht hast, und ein Blick in die Zukunft durch Theologen unserer Zeit. Ich hoffe, daß es Dir viel zu sagen hat.

Eine andere Erinnerung ist das Meer, das Dich immer begeistert, die vielen Farbtöne und der Rhythmus der Wellen.

Und eine Erinnerung an Günsbach, wo ich so herrliche Tage bei Dir verbrachte. Unsere Gespräche, die Spaziergänge durch den Wald, durch Felder voller Anemonen. Ein Sommernachmittag am Rosenbeet mit Deinen Freunden, auch mit Toffi.

Das größte Zeichen Deiner Treue war, als Du zusammen mit Sijtje mich in der Preva-Stiftung besuchtest, wo ich zur Erholung war. Und im November Dein unerwarteter, sehr willkommener Besuch in Delft. Ich hatte das Gefühl, daß unsere Freundschaft sich vertieft hat. Das ist ein Geschenk, wenn man älter wird.

Liebe Ali, zum 70. Geburtstag wünsche ich Dir von Herzen viel Glück und Gottes Segen für die kommenden Jahre.

Martha Wardenburg, Carefree

It gives me pleasure to think of Ali Silver, and to share a few memories for the precious book that is to be published in honor of her seventieth birthday.

I remember our visit to the Maison Albert Schweitzer in Günsbach in September of 1971. My husband and I spent a happy afternoon with Ali going about the village, seeing the church, the rooms with the mementos of Dr. Schweitzer, and the hill above the village where he used to refresh himself while meditating alone in the quiet of the country. Both Ali and I recalled my three visits to Lambarene, for we have been friends for more than thirty years. The time was all too short that afternoon in Günsbach; the thought of those days in Lambarene loomed large in our minds. We said a few things, wished we could have said more, but smiled because we knew each understood the other.

I have a picture that I took on the banks of the Ogowe River when I was leaving after my second visit to Lambarene. It was in 1956. Nine of the staff were there with Dr. Schweitzer standing in the middle, all waiting patiently for me to adjust my camera. The young Ali, already the mainstay of the hospital for the Grand Docteur, was looking up at him; all the others smiling into the camera. How dear their friendship was to me and to each other. It was a few minutes taken from their work, le beau travail, to give an American visitor their gracious gift of friendship.

For Ali Silver, the joy of working with Dr. Schweitzer, being of service to the suffering humanity who came to them, and the caring for the dear animals who also needed their devotion, carried her through long hours of fatigue. So through good times and hard times, but always with her beautiful, courageous spirit, Ali Silver has preserved in her dedicated service. Now in Günsbach she preserves the past for the sake of the future, creating in these times of confusion a center of civilized thought with the writings of Dr. Schweitzer.

It has been said that where there is light and willing hands to tend it, hope will prevail and must never be lost. So Ali Silver does her part, patiently, graciously; and for the dedication each one of us can be grateful.

Frederick und Claske Berndes Franck, New York

For us, Ali Silver will never be seventy. She will always be Ali in her spotless white nurse's uniform with that ridiculous pith helmet, which seemed designed to set off her finely carved face and clear blue eyes, running from the pharmacy to the room where Schweitzer sat writing and vice versa, knocking at our door carrying Peter, the baby gorilla, in her arms. She will also, strangely simultaneous with the Lambarene scene, be the gracious hostess of Günsbach, reminiscing about Mathilde and Maria and above all, of course, about that Grand Docteur, whose message of Reverence for Life has never been more needed than at this time of ever expanding and worsening Irreverence for Life and fascination with mega-death.

Much has happened in the twenty three years since we worked with Ali in Lambarene. Very few of the people we have known there, European or African are not etched in our memory, accompanying us to the end of memory. Not a single one, however, for whom a deep fondness, a natural friendship has survived as fully, as vitally as for Ali. She is one of those people one has really met, encountered in life, and who, regardless of distance, remains as close as ever.

Svenska Albert Schweitzer Föreningen

In dankbarer Erinnerung an unvergeßliche Gastfreundschaft während der ersten Augustwoche 1976 im Schweitzerhaus in Günsbach bitte ich, in die Huldigungen an Schwester ALI SILVERS 70-Jahrestag einstimmen zu dürfen und von Herzen Gesundheit und Freude während kommender Jahre zu wünschen.

Torsten Gardeman

Der Deutsche Hilfsverein für das Albert-Schweitzer-Spital Lambarene e.V.

Zu Ihrem Geburtstag, verehrte Ali Silver, spricht Ihnen der Vorstand des Deutschen Hilfsvereins für das Lambarene-Spital e.V. die herzlichsten Glückwünsche aus, verbunden mit dem tief empfundenen Dank für Ihre mannigfache Arbeit im Albert-Schweitzer-Werk. Wir tun dies auch im Namen unserer Mitglieder, denen wir dank Ihrer Arbeit im Archiv in Günsbach immer wieder genaue Berichte über Dr. Schweitzers Wirken seinerzeit und die Wirkung seiner Lebensarbeit heute geben können. Sie haben wesentlichen Anteil daran, und wir wünschen Ihnen, daß es noch lange so bleiben darf.

Auch das Archiv und Zentrum in Frankfurt ist Ihnen mit seinem Dank und den besten Wünschen verbunden. Viele von uns haben beim Besuch des Doktorhauses in Günsbach Ihre Gastfreundschaft und Führung erfahren; auch sie alle danken und gratulieren Ihnen zu diesem hohen Festtag.

Vorstand: H. Mai, K. Ehrbar, G. Heipp
M. Hänisch, E. Bomze, H. Sökler

Association Française Des Amis d'Albert Schweitzer, Strasbourg

Très chère Ali,

L'état civil ose prétendre que vous aurez 70 ans dans quelques jours! Qui l'eut cru, car votre sourire, votre enthousiasme, votre activité infatigable et diversifiée démentent formellement cette affirmation.

Que Dieu vous garde et vous maintienne encore de longues années dans cette forme magnifique qui donne la joie à tous ceux qui vous approchent de sentir la chaleur de votre regard rayonnant.

Car votre accueil crée tout le charme de Gunsbach et fait l'honneur de la maison. On y sent la tradition conservée, on y respire l'esprit Schweitzerien et j'en profite pour y associer Tony, car toujours on aime y revenir.

Vous êtes l'aide rêvée de l'Association Française des Amis d'Albert Schweitzer et nous ne saurions avoir de meilleur soutien par votre connaissance de tant de documents réunis à Gunsbach.

De tout cœur un grand merci donc pour tout ce que vous avez fait et tout ce que vous aurez encore à faire dans l'avenir, car la tâche à accomplir est encore immense.

Mais il y a un temps pour parler et un temps pour se taire! Et c'est dans le silence que je pense à votre passé avec ses soucis, à votre abnégation, à votre immense mérite. Connaissant votre modestie, je ne puis dire qu'un mot: MERCI !

Jean Jacques Moeder

Albert-Schweitzer-Komitee, DDR

Die Mitglieder des Albert-Schweitzer-Komitees beim Präsidium des Deutschen Roten Kreuzes der DDR gratulieren Ali Silver zu ihrem 70. Geburtstag herzlichst.

Wir freuen uns, daß die Jubilarin, die viele Jahre an der Seite Albert Schweitzers in Lambarene wirkte, sich noch immer der Pflege seines Werkes widmen kann, und hoffen, daß ihr weiterhin Kraft und Gesundheit beschieden sein mögen, diese Tätigkeit fortzusetzen.

Miriam Rogers, Brookline

I have known Mlle. Ali Silver since 1951. I met her during my first visit to Dr. Albert Schweitzer's home in Günsbach, France in September of that year. Ali was immediately my gracious friend and hostess. Since this was my first visit abroad, leaving husband and family, it was good to find such a warm and friendly person, so devoted to Dr. Schweitzer and all his work.

We met again in Africa on my first visit to Lambarene in 1953. I was very happy to see Ali, to renew our friendship and to see her constant and dedicated life style in that hospital. She really had no other interests than that of Dr. Schweitzer and his hospital.

In 1954 we met again in Günsbach and traveled with Grand Docteur by car to Germany, meeting many of Dr. Schweitzer's wonderful friends en route, enjoying their hospitality and the delicious german food. Ali and I went shopping together in Frankfurt am Main. I, always looking for comfortable shops and Ali, always economical, doing the same.

I can hardly believe that Ali Silver will be seventy years old. To me, she is still the same young attractive woman whom I remember so well. Through all these years we have corresponded. Even with all of Ali's responsibilities, I often find a letter in the mail. – She never forgets my birthday and sends regards to my husband, whom she has never met. I send her my congratulations, best wishes for a long life of continued service and dedication – Blessing to her from her loving friend,

Miriam Rogers

Madeleine Horst, Strasbourg

Un heureux anniversaire

C'est le 26 février prochain que nous fêterons avec joie les 70 ans de Mademoiselle Ali Silver et tous ceux qui la connaissent s'en réjouiront avec elle: elle est, tout comme sa précieuse collaboratrice Mademoiselle Tony van Leer, le dévouement fait femme, mais avec une force plus virile encore, alliée toutefois à la grâce enjouée et souriante toute féminine que les années ne flétrissent pas.

Après avoir travaillé parmi les plus pauvres des Hollandais, elle est allée au secours de ceux qui, malades, devaient évacuer Djakarta par bateau après la Deuxième Guerre Mondiale. Elle veilla attentivement sur eux à travers l'interminable Océan Indien.

Puis, c'est à Lambaréné qu'elle est allée comme infirmière bénévole pendant vingt ans, assurant de fait la direction de l'Hôpital pendant les dernières années et entourant jusqu'à sa mort le Docteur, auquel elle fit écouter des chorals de Bach pour qu'il s'endorme en musique.

En 1967, elle est venue à Gunsbach s'initier à la conduite de la maison aux côtés de Madame Emmy Martin ainsi qu'au classement des archives. C'est à elle que l'on doit d'avoir trié lettres, manuscrits, livres par auteur et par matière. C'est un interminable travail d'ermite qui n'avance vraiment qu'en hiver en l'absence des milliers de visiteurs qui se déversent par autocars pleins. Pendant ces six mois de va-et-vient perpétuel du matin au soir, elle ne peut disposer que des soirées pour expédier le volumineux courrier quotidien jusque tard dans la nuit. Mais le lendemain matin, son sourire accueille le visiteur comme s'il était l'hôte attendu avec joie, et sans jamais se lasser, elle fait palper le sens symbolique de chaque objet qui prend vie à son contact.

C'est aussi à elle que tout chercheur s'adresse, car son savoir est sans limite et elle sait toujours trouver la réponse à la question posée.

Merci, chère Mademoiselle Ali pour le rayonnement qui jaillit de vous au nom d'Albert Schweitzer et tous nos vœux pour que vous gardiez votre jeunesse radieuse pendant de très longues années!

(Cahiers No. 54, Décembre 1983)

Ruth M. Pope, Houston (USA)

Tribute to Ali

I met Ali in September of 1958 on my first trip to Lambarene to visit my future husband, Fergus. Dr. Schweitzer assigned me to be her helper and I followed her around like a shadow for those unforgettable ten days. We spoke dutch and she taught me many things: how to be thorough, how to complete an unpleasant job with a smile. She taught me how to care for a fragile doe and a feisty baby gorilla. She also showed me how to talk back to unfriendly turkeys, who seemed to delight in biting my ankles. With Ali, one could laugh in the midst of frustration.

One day we were pulling nails from a big packing box. I started to toss mine onto a pile, having already learned that littering was one of Lambarene's taboos. Said Ali with her blue eyes twinkling: "Who did you think was going to straighten out these nails? " I muttered something about the danger of rusty old nails and she proceeded to tell me how Dr. Schweitzer had built the hospital with old nails he had extracted from the wooden crates which arrived from Europe with supplies. After we had straightened what seemed to be thousands of nails and I had admired the beautiful little hammer I was using, she said: "That hammer is an important treasure. It belonged to Emma Haussknecht, one of first nurses to come to the hospital and help the Doctor. You remind me of her: would you like the hammer? " I threw my arms around Ali's neck, whispering "could I really have it? !" We hugged. To this day, the hammer and old bent nails are of special significance to me.

Thank you, lieve trouwe Ali, for all you have given me, our family and the countless creatures – animal and human – that have come under your care throughout these many years.

Nora Walter, Strasbourg

Mon beau-père, Frédéric Walter, architecte à Colmar, a construit la maison d'Albert Schweitzer à Gunsbach beaucoup de liens ayant existé entre les familles dont fait aussi partie Madeleine Horst. C'est elle qui m'a merveilleusement révélé l'œuvre et la personnalité d'Albert Schweitzer et qui m'a dirigée tout naturellement à Gunsbach. Quel bonheur d'avoir pu rencontrer Ali et Tony dans la Maison; moi-même et des amis que j'ai pu y amener avons été chaque fois comblés par l'ambiance extraordinaire de générosité et de cordialité qui y rayonne grâce à la présence d'Ali et Tony. Je vous dis un grand merci pour tout ce que vous nous donnez, chère Ali, et de m'avoir envoyé à Strasbourg votre jeune ami de longue date qui nous est venu du Japon, Makoto Abé, si entièrement dévoué à l'œuvre schweitzerienne, et qui représente pour moi un lien précieux avec vous.

Merci et tous mes vœux les plus chaleureux.

Clara Urquhart, London

I first met Ali some thirty-five years back when she came to meet my brother and me at the airstrip in Lambarene. Her welcome was warm and her personality radiant, and her loving care of Dr. Schweitzer constant. She gave love and care to animals and patients alike. "Ali is an angel sent to me from heaven," said Docteur. Towards the end of his life she gave him strength and utter devotion. Ali has thought only for others. And the lives of all who know her are the richer.

Irène Minder, Paris

Qu'une vie est belle qu'a remplie le désir de se dévouer à une tâche généreuse!

Avec mes vœux chaleureux, chère Ali, et ma grande affection.

Kapitel V

Aufsätze und Vorträge

von Ali Silver

The Leper Villages, 1951

The drawing opposite is of the place where the leper patients are treated. It is covered with a roof of leaves so that the patients shall not be troubled by sun or rain. Here bandages are changed every day, injections are given, medicines are distributed and daily rations of food. Four patients are trained as orderlies; they are trying, with patience and goodwill, to dress the wounds as well as possible. One orderly gives the injections, though one of our nurses who is in charge of these patients is always present; it is necessary for her to supervise her black helpers and her patients, for sterilisation is something incomprehensible to a native. It often happens too that patients want themselves to tell the orderly what medicine he has to give them. They do not care if it is not the medicine the doctor has prescribed for them; they want what colour or what kind most appeals to them! Most leper patients live near this dressing-place.

Some years ago there were only a few leper patients in our Hospital. But when the natives in the villages heard about the new American drugs they came in great numbers. The reservation set aside for them became too small, and some of the patients were lodged in the so-called isolation building. This is situated on a little plateau, about eight minutes from the main Hospital buildings, surrounded by palms and mango trees. It is built of hardwood and corrugated iron sheets and shaded by a tall mango tree. More and more patients came and began to build primitive bamboo huts, with roofs of leaves, arround the main hardwood building. So there grew up a little village.

At this moment there are more than three hundred leper patients in our Hospital, and they live in three villages. The huts of these villages are laid out at the riverside, on the plateau and the top of the hill, and just beside the plantation. They have been built under the guidance of one of our doctors who is in charge of the leprosy cases. Many patients are too ill to be healed because they have been sick with leprosy for many years, without any help in their villages in the jungle. But we are grateful that the new medicines, the sulphones, give us the means to relieve much pain and sorrow. Poor and expelled people find a home with us, and hope encourages those who thought themselves lost.

When a leper patient comes to us with his wife and children, the doctor allows them in most cases to stay all together in our Hospital. They often come from far away and have travelled for some weeks or even months, on foot or by dug-out canoe. When they arrive at the Hospital after such a journey they are often very tired and feeble.

Those who can work render small services each day. For half of each day they work in the plantation, where they have to clear weeds, cut grass and keep the paths clean. Others, who have wounds on their feet, are occupied with wood-carving, making spoons and stools and other articles; or they weave mats and baskets. Some of the women are detailed to gather manioc leaves twice a day for the young goats and our tame antelopes. One woman washes the bandages of those who cannot do so, while another does the cooking for the patients who are in bed, and others are kept busy weeding in the garden. A patient who has been already some years in the Hospital has learned to paint, and every so often he paints the rooms with white oil paint; he calls himself "peinturier". Another calls himself "soudeur", as he learned to solder the holes in pails and chamber-pots. Maduma was a "catechiste" on an American mission station, and came to us to be treated for leprosy. We asked him if he would help to look after the goats and sheep, and he accepted the work eagerly, doing it with great enjoyment, knowing all the animals and seeing at once if anything is wrong.

Many leper patients are neglected by their families and come to us, poor and forsaken. The Hospital gives them a home, medicines, food and if necessary simple clothing. All they ask for are tins to serve as cooking-pots and food containers, and a bottle for their drinking-water. Those who are able to do some work receive as encouragement a small present. The ration of food is distributed thrice a week. It consists of big plantain bananas, manioc or rice, often with some salt, palm-oil or fish. We do not allow the natives to eat taro, for this tuberous root is reputed to encourage a tendency to leprosy. While the beds in the main Hospital buildings are of hardwood, those in the leper village are made of bamboos and lianes. The patients often put grass-straw on their beds and a mat; a native does not sleep under his blanket, but on his blanket. When we can, we provide mosquito nets for those who come from the interior, from villages where no mosquitoes are found.

A nurse who works (for a long time) among these patients has many friends among them. Hêlène Miariso is an elderly woman. When she first came to the Hospital she had badly infected feet, and she was given a place in one of the hardwood buildings reserved for such patients. She always helped where she could. She washed the dirty bandages of those who were alone and could not do so, she emptied the chamber-pots, did the cooking, fetched water, gave medicines, washed the patients and generally looked after them. She is a striking exception among the natives, for in general they take no notice if someone else is suffering or is in great misery, especially if he belongs to another tribe. Now Hélène Miariso has her own bamboo hut in the leper village and supervises eight children whom she tries to educate as well as she can. Revassa came to us with great and painful wounds on his feet. He is about eighteen years old, cheerful and honest, and he too is always ready to help. With his mutilated hands he can still do all kinds of work, and is astonishingly skilful; he carved himself wooden soles to protect his sore feet. Kuamba is a small, thickset man, a little bit shy and not at all attractive with his poor sick face. Every day he goes out to gather pine-apples in the plantation, and he receives a little gift in money so that in time he can buy some simple clothing.

There are about fourteen children with leprosy in our Hospital at present. "Grenouille" ("frog") came as a very thin, small, feeble boy, with long arms and legs and a very shy small face. He was afraid of the white people and of all he saw in these strange surroundings. His father, who was sadly enfeebled after a long and tiresome journey, died soon after his arrival, and Grenouille was adopted by a man of his own village, who had two children of his own. Now, after two years, Grenouille is much better and not so shy as in the beginning, but even yet he does not like to play with other boys, and goes his way all alone.

Always after visiting the patients the nurse has a long list of "wants": a payne (waist-cloth), a cooking-pot, some cough-mixture, needle and thread, a little tea, a narcotic, a five-franc piece to buy fish.

(British Bulletin, No. 19 June 1951)

Aus einem Vortrag in Tokio, 1968

Zum 90. Geburtstag Albert Schweitzers kam ein Buch heraus mit dem Titel "Barmherzigkeit". Es war das letzte Buch, das er selber noch durchblätterte. Ein katholischer Priester, Alphonse Goettmann, hat darin allerlei Artikel von Schweitzer-Freunden zusammengefaßt. Schweitzer selber schrieb dazu an Abbé Goettmann: "Ich finde dieses Buch sehr schön. Man lernt darin Gedanken und Erfahrungen von Menschen kennen, die es unternahmen, in ihrem Leben die Barmherzigkeit zu bewähren. Daß aber das Buch mir gewidmet ist, hat mich tief ergriffen. Sie behandeln mich, als wäre ich ein großer Kenner von ethischen Problemen. Nun, dieser Irrtum hatte den Vorteil, daß so viele sich zusammengetan haben im Versuch, das Problem der Barmherzigkeit zu verstehen. Es ist die Bestimmung des Menschen, immer menschlicher, immer geistiger zu werden."

Alphonse Goettmann aber weiß, daß es sich n i c h t um einen Irrtum handelt, wenn er sagt, daß Albert Schweitzer ein großer Kenner ethischer Probleme sei. Und wir wissen es mit ihm!

Man hat schon gesagt, Schweitzers Leben sei zu einer Legende geworden, und andere rühmten ihn gar als einen Heiligen. Aber vor einigen Jahren schrieb jemand die schönen Worte: "Laßt uns in Albert Schweitzer nicht nach der Mystik eines Heiligen suchen, sondern nach der Majestät eines Menschen."

In Südamerika ist es Dr. Theodor Binder, der vor 15 Jahren ein "Amazonas-Albert-Schweitzer-Hospital" zu bauen begann und noch immer darin arbeitet mit seiner Frau und andern Helfern, um die Leiden der Urwaldbewohner von Peru zu lindern.

In Haiti baute Dr. Larimer Mellon vor etwa 15 Jahren ein Albert-Schweitzer-Spital unter den sehr notleidenden dortigen Bewohnern.

In den Vereinigten Staaten war es Dr. Cane Cannon, der in North Carolina, in einer sehr armen Berggegend, ein solches Spital baute. Weil er selber herzkrank war, suchte er in jener Gegend um 1950 Ruhe. Als die Leute der Umgegend aber hörten, daß ein Arzt da sei, suchten sie ihn auf. Es waren Leute, die nicht bezahlen konnten. Da bat sie Dr. Cannon, ihm statt anderer Zahlungsmittel Steine zu bringen. Er bat Dr. Schweitzer um die Erlaubnis, sein Hospital "Albert-Schweitzer-Memorial-Hospital" nennen zu dürfen. So entstanden in einigen Jahren mehrere Gebäude. Dr. Cannon selber fuhr in seinem Jeep bei jedem Wetter oft über schlechteste Straßen seinen Patienten nach. Der Stunden zum Ausruhen waren wenige. Er schrieb nach Lambarene: "Ich bin ein religiöser Mensch. Aber die Ehrfurcht vor dem Leben ist meine Energie. Es treibt mich vorwärts, keine Arbeit ist mir zuviel!" Im August 1964 konnte er nicht mehr. Es wurde in aller Eile eine Herzoperation vorgenommen, und nach einigen Monaten kam er nach Lambarene als todmüder Mensch. Er hatte eine Art Plastic Aorta. Ein Jahr lang sollte er ein ruhiges Leben führen, und langsam erholte er sich bei uns (in Lambarene). Er begann wieder im Schatten der Bäume umherzugehen, dann bis zum Garten, dann zum Fluß. Nach 5 Monaten half er morgens, sitzend den Kranken die Wunden zu verbinden. Obschon er noch eine Ruhezeit nötig gehabt hätte, kehrte er nach dem Tod des docteurs nach seinem eigenen Spital in Nordamerika zurück. Dort starb er im August 1966. Alle, die ihn kannten, vergessen ihn nicht.

In Korea ist es Timothy Rhee, der auf einer Insel, die bis vor kurzem ohne medizinische Hilfe war, sich als Arzt und als Prediger niederließ.

Auch hier in Japan geschieht ähnliches: Ein Freundeskreis in Kobe hilft Armen und Waisen. Ein anderer Japaner studierte Medizin und zog dann nach Neapel, wo er ärztliche Hilfe bringt und von Schweitzer erzählt.

Endlich denken wir insbesondere an Kanzo Uchimura, der nicht nur in ernster Begeisterung predigte, sondern auch darnach lebte. Dann denken wir an Kagawa. Seine Kirche war die Straße. Er sagte: "Wenn wir nur lernen wollten, einander zu lieben, so wären unsere Probleme gelöst." Uchimura und Kagawa waren mit Schweitzer in tiefer Freundschaft verbunden.

Ich könnte noch andere Schweitzer-Freunde aufzählen: Professor Einstein, Adlei Stevenson, Dag Hammarskjöld, Gandhi, Nehru, Professor Heuss, Abbe Pierre, Pere Pire. Schweitzer war ein solch schlichter Mensch, für jeden hatte er Zeit, auch wenn er nachher bis tief in die Nacht arbeiten mußte. Er hatte eine besondere Gabe, das Gute in den Menschen hervorzulocken, zur Aktivität zu bringen. Menschen wurden dabei glücklich. Aus Amerika kam einmal eine große Gabe, begleitet vom Brief der schenkenden Dame. Der Brief lautete: "Dieses Geld habe ich ursprünglich für eine Schönheitsoperation gespart. Aber seit ich Ihre Bücher gelesen habe, weiß ich, daß es nicht auf äußere Schönheit ankommt. Hier mein Geld für Ihre Kranken!"

In Canada gibt es Freundlichkeitsclubs für Kinder, in denen die Kinder lernen, gegen Mensch und Tier barmherzig zu sein. Auch dort wurde Albert Schweitzer gebeten, Ehrenpräsident zu sein. In Afrika ist es eine Humane Education Society, die durch eine von Schweitzer beeindruckte Dame gegründet wurde. Dort wurde der docteur ebenfalls Ehrenpräsident. Auch mit

Kinderdörfern, mit Tierschutzvereinen, Flüchtlingsheimen ist sein Name verbunden. Einer seiner Besucher machte einmal die Bemerkung: "Herr Doktor, Sie sind ein Milliardär der Freundschaft!" Das war er. So lasset auch uns barmherzig sein und friedfertig.

(31. Rundbrief, BRD, 1. Dez. 1968)

Madre Maria und Albert Schweitzer, 1970

In Umbrien, dem Lande des Franziskus von Assisi, liegt ein kleines, altes Kloster aus dem Jahr 1370; der älteste Teil datiert wahrscheinlich aus dem Jahr 1000. Das schlichte, schöne Eremo blickt, von Bäumen umgeben, weit über das Spoleto-Tal. Es ist bekannt unter dem Namen Eremo Franciscano. Zwischen seiner Neubegründerin Madre Maria und Albert Schweitzer entstand während vieler Jahre eine wunderbare Freundschaft, und durch sie zwischen dem Eremo und Lambarene. Eine merkwürdige Ähnlichkeit zeichnet das Leben dieser beiden Menschen aus.

Valeria Pignetti trat ums Jahr 1900 herum in ein römisches Kloster ein und wurde Sorella Maria. Schweitzer wurde in jener Zeit Pfarrvikar in Straßburg. Das Klosterleben war Maria nicht einfach genug. Sie bat den Papst, aus dem Kloster austreten und eine kleine Gemeinschaft gründen zu dürfen, die in Gebet und harter Arbeit den franziskanischen Geist lebendig erhalte. Sie bekam die Erlaubnis, und im Jahr 1918 verließ sie Rom. Ihre Begleiterin war Sorella Immacolatella, deren Eltern bei einem Erdbeben in Sizilien umgekommen waren. Deswegen war sie in einem Kloster aufgewachsen und Sorella Maria begegnet.

Beide Frauen wanderten während mehrerer Jahre, suchend, wo sie sich niederlassen und in franziskanischem Geist dienend leben könnten. Maria war von zarter Gesundheit. Deswegen trug Sorella Immacolatella manchmal ein Körbchen mit einem Huhn darin, damit Maria sich auch hie und da mit einem Ei stärken könne.

Auf einer dieser Wanderungen, im Jahre 1924, erblickte Maria von weitem das Eremo. Es erschien ihr als dauernde Wohnstatt geeignet. 1926 begann sie, das seit 1860 verlassene Gebäude wieder instandzusetzen. Neben dem schönen, schlichten Klostergebäude stand eine Kirche, die viel später angebaut worden war. Madre Maria bestand darauf, daß diese Kirche abgebrochen wurde. Die Arbeiter sträubten sich und fürchteten abergläubisch, es werde sich ein Unfall ereignen. Dadurch ließ sich aber Madre Maria nicht beirren. Die Kirche, welche die schlichte Einheit des Eremo störte, wurde abgebrochen. Sorella Jacopa, eine blinde Frau, überwachte und begutachtete als treue Helferin die Bauarbeiten. "Sie sieht mit den Händen", sagten die Arbeiter.

Madre Maria starb am 5. September 1961, um Mitternacht. Ihr schöpferischer, künstlerischer, mystischer Geist ist aber überall an diesem stillen Ort des Friedens spürbar, von dem aus der Blick weit über die Hügellandschaft Umbriens schweift.

Albert Schweitzer genügte es nicht als Lebensaufgabe, Pfarrer, akademischer Lehrer und Künstler zu sein. Er wählte dazu, aus Dank für das Geschenk seines glücklichen Lebens, unmittelbar menschliches, wenn auch noch so unscheinbares Dienen, harte Arbeit. Zwischen 1918 und 1924 suchte er nach Möglichkeiten, in Afrika seinen selbstlosen Dienst weiterführen zu können. 1924 hatte er wieder die Mittel beisammen, an den Ogowe zurückzukehren. Bald fand er einen neuen Bauplatz für die Erweiterung des Urwaldspitals – Adolinanongo genannt, das heißt "da wo man über die Länder hinausschaut". Hier fand er die Gnade, Not lindern zu können, und darin die Kraft zu freudiger Pflichterfüllung und zu geistigen Leistungen. Er starb gegen Mitternacht des 4./5. September 1965.

Madre Maria und Schweitzer, beide pflegten die Gastfreundschaft. Beide vermieden alles, was grandios erscheint und dem Prestige dient. Die franziskanische Einfachheit war ihnen wesentlich. Sie vermieden religiöse Diskussionen, sondern betrachteten als Mittelpunkt die Liebe Jesu, die zum Frieden führt. Schweitzer fühlte sich als Schüler des Franziskus und brachte dies in seinem Leben in Afrika zum Ausdruck, in der Friedens-Oase von La Lambarene, in der Mensch, Tier, Pflanzen, Boden und Wasser in Eintracht leben sollten. Dasselbe verwirklichte Madre Maria in ihrem Leben im Eremo, in dem weiße Tauben ein Heim fanden, die Bäume Namen und Sprüche tragen, ein braver Esel Tag für Tag die Waren vom Tal zum Eremo hinaufträgt. Auch manchen müden Gast hat er getragen. Wunderschön ist der Weg zu Fuß zu gehen, hinan, sich sammelnd für eine stille Einkehr in dem alten, schlichten Kloster. So viele Menschen haben hier in der Vergangenheit in Einfalt und tiefer Frömmigkeit ihr Leben gestaltet. Von hier aus sind während Jahrzehnten viele Gedanken zu Albert Schweitzer hinausgegangen;

Lambarene war ins tägliche Gebet eingeschlossen. Emmy Martin war mehrmals von Madre Maria eingeladen, dieses Jahr durfte ich selber im Eremo zu Gast sein.

Heute leben, in stiller Harmonie, dort neun Schwestern. Sorella Agnese übernahm die Aufgaben von Madre Maria. Da sie nun müde und gebrechlich ist, übergab sie diese Sorella Marie-Claire, einer jungen französischen Ärztin, die mit ihrer Freundin Amanda vor einigen Jahren im Eremo einzog, um zu versuchen, das Leben dort im Sinne und Geiste der Madre Maria weiterzuführen. Die Schwestern, die während vieler Jahre dort leben, sind alt geworden. Die beiden jüngeren Schwestern betreuen die bejahrten. Eine schwerkranke Invalide wird gepflegt. Nach der Regel der Madre, deren Geist immer gegenwärtig ist, wird zwischen 10 Uhr abends und 9 Uhr morgens nicht gesprochen. Jede kennt ihre Aufgaben, die treu und nach bestem Können erfüllt werden. Kerzen erleuchten das Dunkel des Abends. Blumen- und Blütenduft erfüllt die Luft. Schweitzer sagte: "Freudigkeit gehört zum Christentum wie der Duft zur Blume." Von dieser Freudigkeit kündet auch das Eremo.

Madre Maria und der Urwalddoktor haben sich nie von Angesicht gesehen. Maria wandte sich am 14. Januar 1950 zum ersten Male an ihn und bekundete ihm in ergreifenden Briefen ihre innere Beziehung zu seinem eigenen Wirken. Beide waren eins in der Ehrfurcht vor allem Leben. In Lambarene und im umbrischen Eremo herrschte derselbe freie Geist der Frömmigkeit.

(Schweizerisches Reformiertes Volksblatt, Nr. 16, 15. Oktober 1970)

Der Friede beginnt in uns selber, Taiwan 1979

Man sagte oft, Lambarene sei eine Stätte des Friedens. Dies möchte ich erklären. Als ich zum ersten Mal im Spital am Ogowe ankam, Oktober 1947, nach einer Schiffsreise von 6 Wochen, wußte ich überhaupt nicht, was mich erwartet. Einige Mitarbeiter standen am Landungsplatz, auch Albert Schweitzer, in Khaki-Hosen und weißem Hemd, – freudige Begrüßung, einfach und wahr. Dies war nicht angelernte Höflichkeit, es kam von Herzen. – Spitalgebäude, als hätte eine Künstlerhand sie zwischen Palmen und Fruchtbäumen hingestreut, – warme Sonne glänzend über roten Wellblechdächern. Die Kranken und die Tiere machten das ganze Bild so harmonisch, so natürlich, daß ich mich sofort zu Hause fühlte. Ich wurde nie enttäuscht und die Zeit machte mir klar, daß Lambarene eine Stätte des Friedens ist.

"Der Zeitgeist liebt nicht, was einfach ist. Er glaubt nicht mehr, das Einfache könne tief sein. Er liebt das Komplizierte und sieht darin Tiefe. Er liebt das Gewaltsame ... Der Zeitgeist liebt die Dissonanz, in Tönen, in Linien und im Denken. Das zeigt, wie weit er vom richtigen Denken entfernt ist; denn richtiges Denken bildet eine Harmonie in uns." (aus "Die Religion in der modernen Kultur", 1934).

In Lambarene herrschte größte Einfachheit und Harmonie. Wo auf Erden war es friedlicher als in Schweitzers einfachem weißem Zimmer mit den wenigen rohgearbeiteten Möbeln, wenn er abends beim Licht der beiden Petrollampen über Korrespondenz oder Manuskripte gebeugt saß? Ob draußen ein Tornado tobte – oder sich an einem heiß-schwülen Abend nichts bewegte – in Schweitzers Zimmer war eine ganz besondere Atmosphäre von Konzentration, warmer Menschlichkeit, Frieden und Harmonie. Junge zahme Tiere gingen leise im Zimmer umher; und sollte eine junge Antilope ein beschriebenes Blatt erwischen, so würde der Philosoph im Urwald nicht schimpfen, sondern mit gutem Humor sagen: wenn sie nur kein Bauchweh bekommt, denn es war unverdauliches Zeug! (im literarischen Sinn).

Schon als Kind sagte er abends vor dem Schlafengehen: "Lieber Gott, schütze und segne alles, was Odem hat, bewahre es vor allem Übel und laß es friedlich schlafen". Die Sorge für alles Lebende hat ihn bis zuletzt beschäftigt. Wenn ein Kranker gebracht wurde, auch tief in der Nacht, schob er seine wichtige Arbeit beiseite, ging hinunter ins Spital und blieb bei dem

Kranken so lange als nötig. Wenn ein Tier gebracht wurde, das Hilfe nötig hatte, ließ er seine Arbeit liegen und sorgte dafür, daß das Tier ein gutes Plätzchen bekam zum Schlafen und alles, was es brauchte. Ein Baum, der nicht recht wachsen wollte, wurde in derselben Weise gepflegt. Blumen wurden nie gepflückt und durften leben, bis sie verblüht waren.

Als Pfarrer sagte er im Religionsunterricht, daß es auf die wahre Frömmigkeit ankommt, welche Jesus uns in der Bergpredigt gelehrt hat: "Selig die da Leid tragen – selig die Sanftmütigen, – die hungern und dürsten nach der Gerechtigkeit, – die Barmherzigen, – die reinen Herzens sind, – die Friedfertigen, denn sie werden Kinder Gottes heißen". Er predigte über Frieden, er schrieb über Frieden. 1951 hielt er in Frankfurt bei der Entgegennahme des Friedenspreises des Deutschen Buchhandels eine Rede über "Menschlichkeit und Friede". In Oslo, 1954, sprach er über "Das Problem des Friedens in der heutigen Welt". Von packender Aktualität sind seine Gedanken über "Friede oder Atomkrieg". Als Mann der Tat war er ein Friedensstifter. Politiker aus verschiedenen Ländern machten die Pilgerfahrt nach Lambarene, um seine Gedanken kennenzulernen. Er wäre wohl imstande gewesen, als Regierender ein Land in friedliche Zeiten zu führen, denn er hatte diplomatische Begabung. Im zweiten Weltkrieg, in den schweren Jahren, die er in Afrika verbrachte, waren in Frankreich zwei politische Parteien: die Gaullisten, Anhänger von Général de Gaulle und die Pétainisten, Anhänger von Général Pétain, die mit den Deutschen verhandelten. Es kam zu vielen Konflikten zwischen den beiden Gruppen. Aber das Lambarene-Spital war für alle da. Immer waren Kranke, die nicht mehr liegen mußten, sowie Gäste eingeladen, mit dem Docteur und seinen Helfern im Eßzimmer die Mahlzeiten zu teilen. Wenn Gaullisten und Pétainisten um den langen Tisch saßen, verfügte der Spitalherr schalkhaft: "Wer über Politik spricht, muß 5 Franken Strafe bezahlen!" Er meinte es aber ernst, und wenn jemand zu streiten anfing, hielt er die Hand hin und sagte: "5 franc, s'il vous plait!" So brachte er es fertig, daß an seinem Tisch zwei feindliche Parteien in relativer Duldsamkeit zusammenwaren, weil in Schweitzers Gegenwart für Haß kein Platz war. Sein Gefühl für Humor ermöglichte oft eine freundliche Wendung in Situationen, wo ein böses Wort Spannungen ausgelöst hätte. Es war nicht immer leicht, mit den Afrikanern zu arbeiten, die meist unerfahren waren, und mit welchen im Urwaldspital für 600 Patienten alle Arbeit getan werden mußte. Es war viel Prosa in den täglichen Aufgaben, aber immer war etwas Schönes, etwas zum Lachen, etwas rührend Freundliches und das Wissen, daß wir alle zusammengehören und füreinander arbeiten. Kam jemand und sagte: "Docteur, mit dem oder dem möchte ich wirklich nicht mehr arbeiten!", so sagte er: "Ich weiß, daß es manchmal schwer ist. Aber es ist soviel Gutes in seinem Charakter, – versuche es nochmals ..."

Eine besondere Atmosphäre war auch am Sonntagmorgen während des Gottesdienstes, im Freien, zwischen den Spitalgebäuden. Jeder konnte kommen und gehen: Menschen, Tiere, Vögel. Schweitzer sagte: "Die Bergpredigt wurde draußen in der Natur gehalten." Er predigte über den Willen, Gutes zu tun, über Verzeihen, Mitleid und Barmherzigkeit, – über alles, was unser Herz und unsere Gedanken mit Höherem beschäftigt. Noch immer sehe ich unter den Zuhörern den "petit poisson", einen Geisteskranken, der gewöhnlich, mit wenigen Lumpen bekleidet, überall und nirgends zu treffen war; aber zum Gottesdienst mit einem ordentlichen Lendentuch angetan, stehend, ganz Ohr, sein freundliches und ach so unschönes Gesicht strahlend vor Freude.

Auf die Frage eines Freundes, wie er es möglich mache, mit jedermann auszukommen, war Schweitzers Antwort: "Es ist so, ich komme mit jedem aus, sogar mit Tieren – weil ich niemandem im Wege bin". Sein positiver Charakter war wie eine frische Brise. Trotz seiner tiefen Empfindsamkeit wollte er über Enttäuschungen oder traurige Erlebnisse nie grübeln. Er erwähnte nie die Zeit, als er im ersten Weltkrieg mit seiner Frau interniert war, zuerst in seinem eigenen Haus in Lambarene, dann in Süd-Frankreich. Als ein Freund ihn später deswegen beklagte, antwortete er: "Das mußt du nicht tun. Dieser Zeit verdanke ich es, daß ich meine Philosophie der Ehrfurcht vor allem Leben zu Ende denken konnte." Die Frucht davon ist sein Buch "Kultur und Ethik", in welchem er jene Gedanken zum Ausdruck brachte. Der Mystiker im Urwald sagte: "Je mehr wir unser Leben vereinfachen, desto wahrhaftiger sind wir." Das ist vielleicht der Grund, weshalb Lambarene manchmal ein Kloster genannt wurde. Das hat mich damals gewundert; – jetzt aber, zurückblickend auf jene Jahre, sehe ich etwas Wahres in diesem Vergleich. Es war keine religiöse Gemeinschaft, in welcher Ordensregeln eine bestimmte Disziplin auferlegen. Jeder war frei: ohne Kontrakt, Gelübde, Versprechen. Lambarene war eine Gemeinschaft, wo verschiedene Nationalitäten, Stämme, Religionen zusammen lebten und arbeiteten. Auf dem Spitalboden von etwa 100 ha waren keine Waffen erlaubt. Bewohner von Nachbardörfern durften das Spitalgelände nicht einmal mit einer Jagdtflinte überqueren. Es war auch nicht erlaubt, in der Pflanzung eine Falle zu verwenden, um Stachelschweinchen, kleine Antilopen oder andere Tiere für den Kochtopf zu fangen. Nein – es war kein Kloster. Aber der kleine Fleck Erde war ein ganz besonderer Platz, wo die Bergpredigt nicht nur aus Worten bestand, – wo man spüren konnte, wie das irdische Leben sein sollte. Lambarene, als Leuchtturm des Friedens, sandte seine Strahlen über die ganze Welt. Und obwohl vieles sich änderte: Lambarene, wie es war, wird bleiben. Möge Schweitzers Leben, voll schwerer Arbeit und Sorgen, sein einfaches Leben und seine Hingabe an alles Lebendige, uns auf dem schweren Lebensweg erleuchten. Mögen auch unsere Gedanken von Frieden ausgehen und unser Herz von Licht ... beharrlich versuchend, niemandem im Wege zu sein.

(Schweizerisches Reformiertes Volksblatt, Nr. 4, 17. April 1980)

Ein Kind des Lichts, Prag 1980

Lambarene und Albert Schweitzer – davon möchte ich Ihnen erzählen. Ergreifend waren die Worte eines der alten Angestellten namens Obiange, als Schweitzer starb: "Er war das Licht im Urwald!" Was bedeuteten daneben die Kritiken, die Schweitzer am Ende seines Lebens erdulden mußte? Er war das Licht im Urwald, weil in ihm selber Licht war, auch in allen Stürmen des Lebens: das Licht des Glaubens.

Sie kennen wahrscheinlich alle sein Buch "Aus meiner Kindheit und Jugendzeit"; hier erzählt er, daß er ein verträumtes, naturverbundenes Kind war, daß er nie Besseres haben wollte als die anderen Dorfkinder, daß er einen Juden, dem die Dorfbuben nachriefen, freundlich begleitete, wie er die Angst vor den Stärkeren ablegte, wie religiöse Fragen ihn schon früh beschäftigten. Er schreibt auch: "Die Art, wie das Gebot, daß wir nicht töten und quälen sollen, an mir arbeitete, ist das große Erlebnis meiner Kindheit und Jugend." In diesen Jugenderinnerungen zeigt sich klar, wie Schweitzer als Erwachsener war und geblieben ist bis ans Ende seines Lebens.

Zwischen 1894 und 1906 starben in Gabon mehrere Missionare. Schweitzer las regelmäßig das Pariser Missionsblättchen. Der entscheidende Moment in seinem Leben kam, als er 1904 las: "Jene, die sagen: Herr, ich mache mich auf den Weg – solcher bedarf die Kirche."

1908 sagte er in einer Predigt: "Mission treiben heißt helfen: den Verlassenen, den Hungernden, den Kranken, den Ausgestoßenen. Die Liebe ohne Worte muß an ihnen arbeiten. Die wahren Flammenzeichen der Mission, das sind die Spitäler, die Blindenheime, die Waisenhäuser usw. draußen in der fremden Welt." Schweitzers Spital w a r dieses Flammenzeichen; es hatte Platz für alle: für Verlassene, Hungernde, Kranke, Ausgestoßene. Es waren Waisenkinder, Leprakranke, Geisteskranke, auch Alte, die in den Dörfern vielleicht jämmerlich gestorben wären; die meisten aber waren Kranke, die intensive medizinische Behandlung brauchten – es gab sehr viele chirurgische Fälle.

Als im Januar 1965 der bekannte Theologe Martin Niemöller in Lambarene war, fragte er Schweitzer, weshalb er sein Spital so ganz einfach baute. Schweitzers Antwort: "Sie sollen nicht durch ihre Krankenbehandlung an einen ihnen fremden 'modernen' und 'zivilisierten' Lebensstil gewöhnt werden, sonst würden sie nicht in ihr Dorf im Urwald zurückkehren, sondern zur Hafenstadt hinstreben und dort zugrunde gehen, weil sie für diese Art des Lebens nicht vorbereitet, nicht erzogen und nicht geschult sind. Diese Schulung vorzunehmen, ist nicht Aufgabe des Arztes, sondern der Jugenderziehung und Erwachsenenbildung, die planmäßig angefaßt werden muß. Darum zum Beispiel keine Wasserleitung – die gibt es in den Dörfern auch nicht. Der Kranke führt das gewohnte Leben hier weiter." Niemöller schreibt am Ende seines Artikels, wie er diesen Besuch in Lambarene als ein wahres Gottesgeschenk empfand! Am Ende von Schweitzers Leben waren 600 Menschen hospitalisiert, es waren etwa 80 Gebäude da für Menschen, Tiere, Vorräte.

Robert Minder schrieb in einem Artikel: "Die enorme Kraftfülle fand ihr Gegengewicht im Sinn für Disziplin, Selbstdisziplin vornehmlich, und einer ganz besonderen Sensibilität." Er nennt Schweitzer auch eine der rätselhaftesten großen Gestalten des Jahrhunderts. Ohne diese Selbstdisziplin hätte er ja nie all das leisten könnnen, was er gemeistert hat. Selbstdisziplin heißt: Verzichten! Schweitzer war groß im Verzichten. Dies wissen wir aus dem, was er in seinen Büchern erzählt: über Verzicht auf Universitätstätigkeit, Verzicht auf Orgelspiel, Verzicht auf Ferien, Verzicht auf finanzielle Sicherheit, Verzicht auf Familienleben.

Im Spital führte er die einfachsten, ja die niedrigsten Aufgaben genauso präzis aus wie die wichtigsten. "Wenn ich Nägel einschlage in einer schönen geraden Linie, so ist es mir wie eine künstlerische Genugtuung", schrieb er. Schweitzer arbeitete von 6.30 Uhr an, ohne je diese erste Stunde vor dem Frühstück zu verfehlen. Nur zum 80. Geburtstag machte er sich das große Geschenk, diese Stunde für sich zu benutzen: wichtige Briefe zu schreiben, ein Telegramm. Wir durften ihm die erste Stunde mit den Arbeitern abnehmen.

Doch auch nicht immer. Ich erinnere mich zum Beispiel an einen Morgen, an dem wir mit Schaufeln hinuntergingen zur Sandbank. Es war Trokkenzeit, und viele Krötenkinder bewegten sich in Wassertümpeln im Sande. Wir gruben kleine Kanäle, wodurch die Krötenkinder in tieferes Wasser schwimmen konnten. So hat Schweitzer sie davor gerettet, durch die Sonne auf trockenen Sand zu geraten und zu vertrocknen. Wie vergnügt gingen wir dann zum Frühstück!

"Durch Erhalten und Fördern von Leben versuchen wir, Töten und Schädigen wiedergutzumachen", sagte Schweitzer, "und hierin finden wir Glückseligkeit!" – "Das Gebot des Nicht-Tötens und Nicht-Schädigens ist undurchführbar. Aber immer müssen wir uns bewußt bleiben, daß Töten etwas Furchtbares ist. Auf medizinischem Gebiet soll man sich auf das Allernötigste beschränken und die gewonnene Kenntnis auch den Tieren zugute kommen lassen. Wo leiden lassen, so Hilfe bringen."

In Lambarene gab es eine Herde von etwa 150 Schafen und Ziegen. Die Böckchen durften leben, bis man sie nicht mehr ertragen konnte, weil das Zusammenleben der Tiere unmöglich wurde. Das Fleisch wurde als Nahrung gebraucht. Patienten wurden auch mit Fischen oder Kaimanfleisch ernährt. Schweitzer war kein Prinzipienreiter, kein strenger Vegetarier, obwohl er selber vegetarisch lebte, d.h. dazu auch pflanzliches Leben vernichten mußte. Er hat seine Lebensweise auch nie jemandem aufgedrängt.

"Alles Tätigsein ist mit Schuld verbunden", sagte Schweitzer, "wie das Feuer mit Rauch." Die Tiere waren da für Dünger, und dies ermöglichte ihm, einen Riesengarten zu haben und etwa 1000 Bäume, deren Früchte für jedermann da waren. So hat er den Landesbewohnern gezeigt, wie sie Landwirtschaft betreiben und damit das Lebensniveau verbessern können, also auch ihre Gesundheit. Schweitzer lehrte sie, gut zu sein zu den Tieren und eine Herde zu züchten. Etwas davon verstanden sie; denn manchmal brachten sie kleine, verlorene Tiere, die dann gleich ein warmes Nest bekamen. Starb es, so sagte Schweitzer: "Rufe mich, wenn du es begräbst" – und er war dann dabei; denn für die Tiere gab es einen eigenen Friedhof, unter einem mächtigen Kapokbaum, hinter dem Schafstall. Die einfachen Spitalbauten gaben auch ein Beispiel dafür, wie die Gabonesen selber in ihren Dörfern besser bauen könnten.

Es blieb Schweitzer nie viel Zeit zum Schlaf. An seiner großen Korrespondenz, an seinen Manuskripten konnte er nur spät abends arbeiten, bis tief in die Nacht hinein. Und wenn um 2 Uhr nachts ein Motorboot in der Stille der Natur zu hören war und das Boot zum Landungsplatz fuhr, so ließ er seine wichtigen Papiere liegen, ging hinunter und blieb manchmal im Operationssaal, bis der schwerste Moment vorbei war. Doch fehlte er auch dann nicht in der ersten Arbeitsstunde.

Besonders nach Schweitzers Tode wurde uns klar, was er den Schwarzen bedeutet hat. Goma, ein kleiner treuer Arbeiter, schlief in letzter Zeit von Schweitzers Leben vor Schweitzers Zimmer auf der Veranda. Nachts machte er einige Male die Runde, um zu sehen, ob alles in Ordnung war. Und wenn ich ihm sagte: "Goma, du hast heute nacht geschafft – ruhe dich aus und komme erst um 8 oder 9 Uhr zur Arbeit", so sagte er: "Nein nein, ich bleibe helfen!" Nie hat er gefehlt. Das waren rührende Erlebnisse.

1913 schrieb Schweitzer in einem Brief: "Die Tage gehören dem Helfen im Namen Jesu, dem Kampfe für das Reich Gottes – die stillen Abende der Wissenschaft und der Kunst, soweit es die Müdigkeit des Tages erlaubt." – "Die Gnade ist groß", schrieb er an anderer Stelle, "wenn man alltäglich Not zu lindern vermag. Dies müssen wir uns immer wieder vorhalten und darin die Energie zur freudigen Pflichterfüllung finden."

1958 schrieb Schweitzer: "Was Wort und Tat in der Mission betrifft, so möchte ich einfach sagen, daß es eine große Bedeutung hat, ob die Afrikaner von dem Missionar den Eindruck haben, daß er sich bemüht, im Geiste des Evangeliums zu leben und zu wirken, mit den Gaben, die ihm verliehen sind." David Livingstone hatte etwa 100 Jahre vorher geschrieben: "Nichts bringt die Afrikaner dazu, Europäern volles Vertrauen zu schenken, außer langem Beharren im Gutes-Tun... Gut und selbstlos sein macht auf ihre Gemüter stärkeren Eindruck als irgendwelche Geschicklichkeit oder Gewalt."

Das Problem der Aneignung unserer Kultur durch die Afrikaner hat Schweitzer sehr beschäftigt. Sie können dies auch in der Rede lesen, die er 1951 bei der Verleihung des Friedenspreises des (west-)deutschen Buchhandels gehalten hat. Die Dankbarkeit war tief in Schweitzers Herzen verwurzelt. Gepredigt hat er über die Dankbarkeit, und er hat sie gelebt. Dankbar war er für alles Gute, das er erfuhr. Gaben für sein Spital waren ihm etwas Heiliges – dies sind seine eigenen Worte. Zeichen von Dankbarkeit sind auch folgende Geschichten:

Vor etwa 40 Jahren hatte ihn eine erwachsene Antilope, ein zahmes, liebes Tier, in einem Gehege schwer am Bein verletzt, weil das Tier durch irgend etwas nervös, aufgeregt war. Unser afrikanischer Koch konnte Schweitzer mit Mühe aus dem Gehege herausholen. Schweitzer hat dies nie vergessen, und jedes Jahr an jenem Datum durfte der Koch sich etwas wünschen, und er bekam das Geschenk; dies bis an Schweitzers Lebensende.

Als er im ersten Weltkrieg in Südfrankreich interniert war und alle unter Hunger und Krankheit litten, gab eine Frau, die im Dorf einen kleinen Laden hatte, Schweitzer und anderen manchmal etwas extra zu essen. Und als er in den fünfziger Jahren mehrmals eine Pilgerfahrt zu jener Stätte machte, versäumte er nie, am Grabe der Frau einen stillen Dank zu sagen. Schweitzer hat sich über jene schwere Zeit nie beklagt. 1918 schrieb er an einen Freund:

"Daß ich aus Afrika und dem Internierungslager zurück bin, haben Sie wohl durch gemeinsame Bekannte erfahren. Es ist ganz merkwürdig, wieder ein freier Mensch zu sein. Meine Erlebnisse lassen sich kurz zusammenfassen: daß ich es mit bösen und guten Menschen zu tun hatte und daß ich nur noch an das Gute, das mich oft rührte, denke. Sie müssen mich nicht beklagen: da fand ich die Gelegenheit, das Manuskript meiner Kulturphilosophie zu Ende zu schreiben. Man muß nur immer die Erinnerung von allem, was schön war, im Herzen behalten. Das tue ich mein Leben lang; darum ist es nie ganz dunkel."

Toleranz lernte er in seiner Jugend, weil in Günsbach Katholiken und Protestanten dieselbe Kirche benutzen. So gab es auch in Lambarene ein schönes Verhältnis zur katholischen Mission. Schweitzer half, das Dach ihrer Kapelle mit Wellblech zu decken. Und wenn der Weg zur Kirche durch schwere Regenfälle ausgeschwemmt war und nicht genügend Leute auf der Mission waren, um den Weg zu reparieren, sagte Schweitzer: "Morgen komme ich mit meiner Equipe von Helfern." Und so geschah es dann auch, obwohl es auf dem Boden des eigenen Spitals an Arbeit nicht fehlte.

Alle Missionare wurden unentgeltlich gepflegt. Eine unserer bravsten und liebsten afrikanischen Pflegerinnen betreute lange zwei Waisenkinder. Als diese das Schulalter erreicht hatten, besuchten sie die Schule der katholischen Mission. Als dann nach einigen Jahren eins der Kinder die Schule der protestantischen Mission besuchte, sagte sie: "Weißt du, man muß gut Freund sein mit beiden!" Womit wir in Europa Mühe haben, das empfinden diese Naturkinder als selbstverständlich.

Lambarene war eine Stätte des Friedens, wo auch Europäer, die durch schwere Zeiten gingen, ein Refugium fanden. Im Alltagsleben war dies nicht immer einfach; doch war das Menschliche das wichtigste. Schweitzer sagte: "Schwerer als die christliche Liebe ist die christliche Geduld."

"Dieser Mann", schrieb Albert Einstein 1955, "hat irgendwie einen weltweiten Einfluß, weniger durch seine Leistungen, die ja an sich erstaunlich sind, als durch das dem Verstand nicht faßbare Wesen seiner ganzen Persönlichkeit."

Schweitzer war ein Kind des Lichts. Wie oft gebrauchte er selber das Wort "Licht": "Den Weg zur Liebe müssen wir finden, daß es Licht werde in uns." – 1956: "Aber wir dürfen uns getrösten, daß wir in der Ehrfurcht vor der Wahrheit immer auf dem rechten Wege sind und im Lichte wandeln." – 1956: "Es gibt eine Frömmigkeit des Herzens, die dem denkenden Menschen offenbar wird und ihm Licht auf dem Lebensweg ist." – 1959, an junge Menschen: "In unserer so dunklen und in vieler Hinsicht so trostlosen Zeit muß es in uns Licht sein, daß wieder Helligkeit und Wärme aufkommt. Nicht mit Menschen rechten, sich nicht mit den Ungerechtigkeiten und Torheiten unserer Zeit und der Vergangenheit fort und fort auseinandersetzen, sondern innerlich einer anderen, besseren, geistigeren Welt angehören." –

"Erziehung ist zu sehen in der Richtung: alles Leben auf seinen höchsten geistigen Wert bringen, daß zuletzt eine vollkommene und glückliche Menschheit entsteht. Das ist, was wir als Weltwerk in uns erleben, das Licht, von dem aus einige Helligkeit auf das Dunkel des Seins fällt."

Ein Licht war auch sein herrlicher Humor. Schweitzer lachte gern. Er erzählte gern afrikanische Geschichten, zum Beispiel: "Ein Herr fragt seinen christlichen afrikanischen Helfer, was er von Gott wisse. Antwort: 'Der liebe Gott ist gut; er hat uns den Schlaf und den Sonntag gegeben'." Oder, wie eine Dame aus England schrieb: "Ihre Briefe sind immer so interessant, besonders wegen der schönen Briefmarken!" Oder wie er einer älteren Dame auf dem Bahnhof helfen wollte, das Gepäck zu schleppen, und diese zu schreien anfing, weil sie meinte, er sei ein Dieb.

Witzig waren auch die Geburtstagsreden, die er seinen europäischen Helfern hielt. Wie erfrischend war es, daß er auch im hohen Alter noch gern lachte. Zwei Tage, bevor er starb – er lag schon seit einigen Tagen zu Bett –, schaute er hinauf in die Ecke seines Moskitonetzes. lächelte friedlich, glücklich und sagte nur leise: "Ist das nicht wunderbar?" – Was er sah, werden wir nie wissen. Dem Kind des Lichts war auch sein eigener Tod nicht dunkel. War das nicht wunderbar?

(42. Rundbrief, DDR, 15. III. 1983)

Kapitel VI

Wege zum Frieden

Franz Joos, Biberach/Baden (BRD)

Alles wächst ins Licht

Alles in der Natur drängt zum Licht. Das kleinste Samenkorn wächst aus dem Dunkel der Erde ins Licht. Jeder Baum, wie dicht der Wald auch sei, streckt seine Zweige zum Licht und jede Blume hält den Kelch ihrer Blüte der Sonne hin.
Und wie steht es mit den Menschen?

Äußerlich treibt es auch sie zur Sonne, zum Licht hin. Der Mensch besteht aber nicht nur aus dem 'Außen', sondern besitzt ebenso eine 'Innenseite', und diese hat er vom Licht abgewandt.

Er ist grau geworden mit der grauen Materie, sein Dasein ohne Farbe, ohne Sinn. Seine Lebensweise ist auf bloße Materie ausgerichtet, von Materie erfüllt.

Materie beherrscht den Menschen bis ins innerste Denken hinein; eine schon krankhafte Überbewertung von Geld und Besitz, von Macht und Reichtum.

Der Geist wird verdrängt, das Denken, Fühlen und Sprechen verliert seine wahre Bahn, in allem Handeln steckt Korruption – die tiefste Wunde der modernen hochindustrialisierten Welt, ob im Osten oder Westen.

Diese Gedanken sind nun gewiß nichts Neues mehr, auch in Anbetracht der Tatsache, daß die Veröffentlichungen zu diesem Phänomen der menschlichen Entwicklung immer zahlreicher werden, nicht zuletzt deshalb, weil diese seelischen und geistigen Dispositionen die menschliche Existenz gefährlich nahe an den Abgrund einer Katastrophe gebracht haben – die nucleare oder ökologische Bedrohung der Welt ist nicht zu übersehen. Papst Johannes Paul II. warnte zu Beginn dieses Jahres erneut vor dem 'Grauschleier, der am Horizont sichtbar sei.'

Der Mensch befindet sich im 'Zustand der Kulturlosigkeit' was von einer der bedeutendsten Persönlichkeiten unseres Jahrhunderts bereits vor Jahrzehnten erkannt wurde: Albert Schweitzer. Ausgehend von einer intensiven Analyse der bestehenden Kultur, die sich in einer tiefen Krise befindet, stellte er die Forderung des elementaren Nachdenkens über die Sinnfrage, denn "ohne uns über die Welt und über unser Leben ins klare kommen zu lassen, jagt uns der Geist der Zeit ins Wirken hinaus. Unablässig nimmt er uns für diese und jene Errungenschaft in Dienst. Er erhält uns im Tätigkeitstaumel, damit wir ja nicht zur Selbstbesinnung kommen und uns fragen, was dieses rastlose Hingeben an Ziele und Errungenschaften mit dem Sinn der Welt und dem Sinn unseres Lebens zu tun habe." (Kultur und Ethik, S. 73/74).

Vom blinden Tatsachenglauben gefangen glaubt der Mensch, Fortschritt bestünde allein im technischen Entwicklungstempo. Dies ist aber gerade das Verhängnis unserer Kultur, daß sie sich materiell viel stärker entwickelt hat als geistig. Der Mensch hat seine Vernunft in technische Produkte gesteckt, kann damit aber nicht umgehen.

Der Totalfortschritt, bei dem Technik und Ethik gleichermaßen parallel laufen würden, ist nicht erfolgt.

"Nun kommen die Tatsachen und rufen uns zur Besinnung – oder sollten uns zur Besinnung rufen! Sie lehren uns in grausig harter Sprache, daß die Kultur, die sich nur nach der materiellen und nicht auch in entsprechendem Maße nach der geistigen Seite hin entwickelt, dem Schiffe gleicht, das mit defektem Steuerapparat in stetig beschleunigter Fahrt seine Steuerbarkeit verliert und damit der Katastrophe zutreibt." (Kultur u. Ethik, S.98)

Von Zeit zu Zeit stelle ich mir die Frage, wie Schweitzer unsere heutige Welt, beinahe zwanzig Jahre nach seinem Tod, beurteilen würde.

Sind die ethischen Kräfte tatsächlich stärker geworden, hat unsere Kultur Schritte unternommen, um aus der Kulturlosigkeit herauszugelangen, haben sich neue Gesinnungen herausgebildet? Eine positive Antwort auf diese Fragen zu geben fällt schwer, bedenkt man, daß das Aggressionspotential immer größer wird, Lebensverdruß bei vielen Menschen aufkommt, die Flucht in oberflächliche Vergnügungen, sowie der Mißbrauch von Suchtmitteln in allen Gesellschaftsschichten üblich geworden sind, beinahe zum Alltag dazugehören.

Ein beträchtlicher Teil der Menschen hat die Hoffnung und den Glauben an die Kraft des Geistes aufgegeben.

Schweitzer war sich der Schwere des Unterfangens, die ethischen Kräfte wieder zum Tragen zu bringen, durchaus bewußt, wenn er schreibt: "Schon ist uns der Glaube an den geistigen Fortschritt der Menschen und der Menschheit etwas fast Unmögliches geworden. Mit dem Mute der Verzweiflung müssen wir uns zu ihm zwingen. Alle miteinander wieder den geistigen Fortschritt des Menschen wollen und wieder auf ihn hoffen: dies ist das Herumwerfen des Steuers." (Die Ehrfurcht vor dem Leben, Grundtexte, S. 55)

Ist nicht gerade der ethisch denkende Mensch häufig von Zweifeln geplagt in der Frage, ob sich die ethischen Kräfte in unserer Kultur soweit durchzusetzen im Stande sind, daß es zur notwendigen Kulturerneuerung kommt und das sittliche Grundprinzip der 'Ehrfurcht vor dem Leben', um welches Albert Schweitzer so sehr gerungen hat, zur fundamentalen Lebensbasis der Menschen wird, auf der sich ein Vertrauensverhältnis zwischen Menschen und Völkern aufbauen kann, mittels dessen eine Verständigung zwischen den Mächten möglich wäre?

Das Erkennen der gegenwärtigen Wirklichkeit führt in diesem Punkt zunächst in die 'Resignation'. Dies zu leugnen wäre Selbsttäuschung.

Insbesondere junge Menschen werden in ihrer Weltanschauung zunehmend pessimistischer, was durch Umfragen (Shell-Studie 1983) sowie durch meine tägliche Arbeit an der Schule belegt wird. Das erzieherische Umfeld gibt ihnen kaum Anlaß zur Lebensfreude und zu optimistischem Denken.

Die Durchrationalisierung beinahme sämtlicher Lebensbereiche führt zur emotionalen Verarmung; die aussichtslos erscheinende Zukunft lähmt, verunsichert und läßt sie orientierungslos werden – ohne Perspektiven.

Ein solcher theoretischer Pessimismus führt nun aber unweigerlich zur Untätigkeit, lähmt das handelnde Eingreifen in die Welt.

Innerlich unruhig werdend, begibt man sich sodann in blinde Betriebsamkeit und gedankenlose Rennerei. Eine solche Entwicklung ist gefährlich sowohl für die Existenz des Individuums, als auch der Gesellschaft, da innovative Impulse ausbleiben, der Mensch sich in sein Schicksal ergibt und neue Gesinnungen ohne Nährboden sind. Damit wäre das Abendland nach Oswald Spengler zum Untergang verurteilt: "Jede Kultur ist wie ein Organismus. Sie reift, sie lebt, sie verwelkt."

Wir stehen unweigerlich am denknotwendigen Wendepunkt zu einer optimistischen Lebensanschauung im Gegensatz zur pessimistischen Weltanschauung. Die Schlüsselworte sind: Wille, Ideale, Wirken. Sie gründet sich auf eine fundierte Ethik, deren Grundprinzip der jedem Lebewesen innewohnende "Wille zum Leben" ist. Tatsächlich ist dieser Wille zum Leben heute häufig gestört. Was bedeutet nun der 'Wille zum Leben' in der Ausrichtung unseres persönlichen Lebens?

Es ist uns aufgetragen,die Welt dort aktiv mitzugestalten, wo man lebt. Es bedeutet, der Welt nicht zu unterliegen oder zu Pessimisten zu werden durch die Erkenntnis pessimistischer Fakten.

Wir müssen darum ringen, die 'Lebensbejahung mit Sinn in sich selbst' umzusetzen in die Tat, indem wir als Menschen für Menschen wirken, die Gesinnung der Humanität vorleben, dabei alle Lebewesen einbeziehen.

Pflichtbewußte Tätigkeit ist also letztlich ein Gebot des eigenen Lebenswillens, weil nur derjenige, der sich in aktiver Lebensgestaltung immer wieder um eigene Sinnhorizonte bemüht, gegen den lähmenden Sog des Pessimismus wie gegen die Flucht in eine oberflächliche Geschäftigkeit gefeit ist.

Was nun eigentlich für alle Menschen gilt, das betrifft zwingenderweise besonders intensiv solche Menschen, denen andere Menschen anvertraut sind. So sind also Bejahung des eigenen Lebens und das tätige Interesse an der Welt die Grundbedingungen der erzieherischen Wirkung des Lehrers, bzw. Lehrenden.

In der Einheit von Weltdistanz und Weltzuwendung, in einer lebens- und weltbejahenden Aktivität, die sich durch den Zustand der Welt nicht entmutigen läßt, sondern aus inneren Quellen immer wieder Sinnvolles anzustreben vermag, liegt die Chance einer dauerhaften Lebensorientierung, angelehnt an die christlich-ethischen Grundwerte.

So innerlich gefestigt, kann der Mensch durch sein Denken und Handeln Einfluß ausüben, quasi als Vorbild für andere Menschen fungieren und dadurch zum Bau neuer Gesinnungen beitragen. "Nur dadurch, daß eine neue Gesinnung im Staate waltet, kann er im Innern zum Frieden kommen." (Kultur und Ethik, S. 367)

Die jungen Menschen in dieser neuen Gesinnung zu erziehen und zu formen, ist die Aufgabe der Zukunft; ihnen zu helfen auf dem Weg zur Selbstvervollkommnung des 'Menschseins', das vielleicht den Frieden in uns und zwischen den Völkern herbeizuführen fähig ist.

Es ist erst eine kurze Strecke auf diesem langen, mühsamen Weg zurückgelegt. Der Glaube daran, das Ziel erreichen zu können, ist die Voraussetzung für das tätige Handeln. Gewiß ist das Licht in den Menschen noch nicht ganz erloschen.

Dazu ein treffendes Zitat von Schweitzer: "Ich glaube nicht, daß man in einen gewöhnlichen Menschen Gedanken hineinbringen kann, die nicht in ihm sind. Gewöhnlich sind in den Menschen alle guten Gedanken als Brennstoff vorhanden. Aber vieles von diesem Brennstoff entzündet sich erst oder erst recht, wenn eine Flamme oder ein Flämmchen von draußen, von einem anderen Menschen her, in ihn hineinschlägt. Manchmal auch will unser Licht erlöschen und wird durch ein Erlebnis an einem Menschen wieder neu angefacht. So hat jeder von uns in tiefem Danke derer zu gedenken, die Flammen in ihm entzündet haben.... Das Wirken der Kraft ist geheimnisvoll." (Aus meiner Kindheit und Jugendzeit, S. 52)

Wieviele 'Flammen' mag wohl Schweitzer selbst entfacht haben, allein durch sein beispielgebendes Leben! Gedenken sollte man aber auch der Menschen, die das geistige Erbe Schweitzers weitertragen und durch ihr Denken, Fühlen und Handeln am 'Guten' in der Welt mitarbeiten.

Zu diesen Menschen gehört ALI SILVER. Ihr selbstloses, von Wärme umgebenes Wirken im 'geistigen Zentrum' in Günsbach hat auf viele Menschen, die dort einen Besuch abstatten, einen nachhaltigen Einfluß. Dessen bin ich sicher. Ein Licht wird sichtbar am Horizont. Tun wir das uns mögliche, damit alles zum Licht wächst.

Neben Schweitzer ist auch Ali Silver ein 'leuchtendes Vorbild'.
DANKE ALI !

Michel Krieger

Børge Friis, Kopenhagen

Das gute Gewissen?

Es gibt Menschen, deren Leben ein Geschenk ist. Ein Geschenk nicht an sie selbst – sondern an uns andere, die Menschheit.

Mit diesen Worten habe ich zu seiner Zeit mein Büchlein "Hjemme hos Albert Schweitzer" (zu deutsch: "Zuhause bei Albert Schweitzer"), das zu Beginn der fünfziger Jahre in den drei skandinavischen Sprachen erschien, eingeleitet.

Genau das gleiche könnte ich wiederum über einige der Mitarbeiterinnen Dr. Schweitzers aussprechen – Mitarbeiterinnen, die ich kennengelernt habe und wegen ihrer menschlichen Eigenschaften und ihrem mitmenschlichen Einsatz bewundere. So die unvergeßliche Frau Helene Schweitzer, die als Krankenschwester und mit einer Zuversicht, die Berge versetzen könnte, ihrem Mann in den allerersten Jahren des werdenden Spitals beistand. Und so die unverwüstliche und robuste und zugleich feinsinnige Emma Haussknecht. So auch die strenge, aber doch so ergebene und milde Mathilde Kottmann. Und in Günsbach im Elsaß wirkte Frau Emmy Martin in einem halben Jahrhundert als die beispiellos fleißige "Generalsekretärin", die alle Fäden in ihrer Hand hielt.

Aber im selben Atemzuge sind noch drei Frauen zu erwähnen, die heute die ungebrochene Linie seit den Tagen des Grand Docteur darstellen. Es ist die Krankenpflegerin Maria Lagendijk, die noch heute im Urwaldspital zu Lambarene unermüdlich arbeitet. Und es sind die zwei früheren Krankenpflegerinnen Ali Silver und Tony van Leer, die heute in bester Eintracht und mit größter Mühe das Haus in Günsbach verwalten und gastfrei und im Geiste Schweitzers alte und neue Freunde empfangen.

Welche prächtige Reihe von nicht nur opferwilligen und tatkräftigen, sondern zugleich frohmütigen und liebevollen Frauen, die ihr ganzes Dasein im Dienste der bedrängten und kranken Schwarzen in einer der unwegsamsten und ungesundesten Gegenden Afrikas dahingaben! Für sie alle galt

Schweitzers These von der Ehrfurcht vor dem Leben als ihre erste Lebensregel.

Ali Silver, der dieses Buch geweiht ist, hat ihrem Vorbild und ihren eigenen Idealen gegen 40 Jahre gedient. Und vierzig Jahre sind eine recht lange Zeit, wenn man bedenkt, welche Entwertung in kultureller, in religiöser und nicht zuletzt in lebensanschaulicher Richtung im Laufe dieser Zeitspanne sich abgespielt hat. Welch ein Riesensprung von einer früheren individuellen Hingabe, Mission und Idealismus zur Gewerkschaftsmentalität und zu den sozialen Wohlfahrtsbestrebungen von heute! In welchem Umfang Ali sich eingesetzt hat in physischer Arbeit und im Handwerk und als Krankenpflegerin, Seelsorgerin und Sekretärin – kann ich von meinen Aufenthalten in Afrika und von meinen Besuchen im Elsaß bezeugen.

Ali hat sich mit ihrer selbstgewählten Aufgabe identifizieren können. Liebevoll und opferfreudig, doch nicht selbstlos. Worauf ich noch zu sprechen komme.

Das gilt auch für die vielen Jahre, in welchen sie der Chef des Hauses in Günsbach ist und das durch sie uneingeschränkt den Status als Kulturzentrum und Wallfahrtsort bewahrt hat. Hier findet sich die größte Sammlung von Schweitzeriana – Bücher von und über Schweitzer – in allen möglichen Sprachen. Darüber hinaus kümmert sie sich um die unglaublich umfassende Korrespondenz, die die ganze Welt umspannt, und empfängt den Strom der vielen Gäste, die sich alltäglich einfinden. Für sie alle haben Ali und Tony Zeit.

Selbst wenn man niemals einen Eindruck der Rastlosigkeit verspürt, eher den Eindruck von friedvoller Ruhe, so ist wohl gerade die Zeit als solche das größte Problem Ali Silvers. Genau wie es der Fall war bei ihrer Vorgängerin Emmy Martin, um gar nicht von Dr. Schweitzer selbst zu reden. In Wirklichkeit stellt ihr Leben und ihr Einsatz ein angestrengtes Wettrennen mit der Zeit dar. Und so fühlt sie sich immer irgendwie in "Schulden". Wie oft hat sie ihre Briefe an mich eingeleitet mit etwa folgenden Worten: "Schon längst hätte ich dir schreiben sollen, und ich bitte, daß du mir verzeihest." Aber niemals habe ich den leisesten Anlaß gehabt, ihr eine Säumigkeit vorzuwerfen. Ganz besonders nicht, wenn man bedenkt, welche Arbeitswucht sie zu bewältigen hat. Ihre Mitteilungen finden sich aber immer prompt ein. Und immer zeugen ihre handgeschriebenen Briefe davon, daß sie sich auch die volle Zeit genommen hat.

Albert Schweitzer sagt an einer Stelle: "Das gute Gewissen ist eine Erfindung des Teufels!" Nicht mehr und nicht weniger. Und das sind gewiß Worte, die wir nicht gewohnt sind zu hören – und Worte, die viele Menschen auch nicht gern hören. Das "gute Gewissen" ist in Wirklichkeit ein rein illusorischer Begriff für Leute, die mit einer kurzatmigen Form von Pseudo-Vernunft belastet sind. Vielleicht die meisten von uns. Dieser Eindruck findet sich zumindest leicht ein, wenn man diesen kleinen Satz zitiert und seine Wirkung beobachtet.

Aber dieser Satz stellt die reine Wahrheit dar. Denn wer kann eigentlich mit gutem Gewissen behaupten wollen, daß er ein gutes Gewissen besäße? Der werfe den ersten Stein! Wer hat nicht unzählige Male mit seinem Gewissen gewuchert oder sich abfinden lassen, weil es eben egoistischen Interessen diente – in seinem persönlichen, fachlichen, religiösen oder politischen Leben – ?

Wieviel Menschen haben sich den reinen Idealismus, der ihrer Jugend noch angehörte, eigentlich bewahren können? Stattdessen haben sie ihn – Stück für Stück und Gedanken um Gedanken – als überflüssigen Ballast über Bord geworfen, weil sie wähnten, dadurch ihre Fahrt durchs Leben leichter und freier zu gestalten. Wieviele versuchen sich vorzugaukeln, daß eben dieses Verfahren den "Sinn" des Lebens darstelle? Und wieviel Erwachsene bemühen sich darum, der blühenden Begeisterung der Jugend für das Wahre und das Gute mit freundlich gemeinten Ermahnungen entgegenzutreten, sich "die Hörner abzulaufen" und "vernünftig" zu werden?

Ich möchte annehmen, daß so manche, die nicht eben denkfaul oder starrköpfig sind, auch imstande sein werden, den eigentlichen Sinn hinter dem Kernspruch über das gute Gewissen, das eine Erfindung des Teufels sei, zu erfassen. Recht bedacht, muß man einsehen, daß "das böse Gewissen" an sich und im Grunde genommen die Treibkraft oder das Werkzeug darstellt, mit dem man überhaupt etwas ausrichten kann. Oder versuchen wir es im Pluralis auszudrücken: Die "bösen Gewissen" sind Gewissen, die versuchen wollen, ihre Pflicht zu tun. Man könnte auch sagen, daß sie aus Gleichgewichtsverschiebungen bestehen, die darauf dringen, wieder in Ruhe oder aufs Geleise zu kommen.

Wenn ich vorhin davon sprach, daß Ali Silver liebevoll oder opferfreudig, doch nicht selbstlos sei, so ist auch dieser Begriff ein Stein des Anstoßes für das allgemeine und gewohnheitsmäßige Denken, das auf Schienen läuft. Denn verhält es sich nicht so, daß ein Mensch, der sich als Lebensziel gesetzt hat, anderen dienen zu wollen, die sich in physischer oder seelischer Not befinden und so der mitmenschlichen Fürsorge bedürfen – verhält es sich denn nicht so, daß dieser Mensch sein Selbst nicht vergessen darf, sondern stetig sich seiner selbst bewußt – nicht selbstbewußt! – ist als dienendes Gerät oder Subjekt? Gerade ein solcher Mensch sollte imstande sein, sein Selbst mit dem leidenden Lebewesen zu identifizieren. Und das will wiederum heißen: Er sollte imstande sein, sich derart in das andere Leben hineinzuknien, daß er gewissenmaßen stellvertretend dessen Selbsterhaltungstrieb oder "Egoismus" auf sich lädt.

Ein Mensch, der sich nicht in andere Lebewesen, ob Mensch oder Tier, hineinversetzen kann oder will – und dadurch auch nicht den Versuch tätigt, sein eigenes Gewissen einzuholen, das wohlgemerkt nie etwas anderes sein kann als ein höchst persönliches Ich-Phänomen – ein solcher Mensch wird infolgedessen unerlöst bleiben.

Gar viele Menschen frösteln in ihrem Zustand der Unerlöstheit, der Ohnmacht und der ewigen Unbefriedigung. Ein Zustand, der gleichzusetzen ist mit der selbstgewählten Einsamkeit. Unvollendete Existenzen, die ihrem Denken an einem entscheidenden Punkt Einhalt geboten haben.

Aber es gibt Menschen, die sich getrost auf dem Weg befinden. Und die versuchen wollen, für uns alle ein Licht im Dunkel anzuzünden.

Zu diesen Menschen gehört Ali Silver.

Michel Krieger

Peter Niederstein, Tamins (Schweiz)

Hoffnung und Verzweiflung an unserer Zeit

Ali Silver – im Grunde ist sie das geblieben, was sie durch ihre Tätigkeit als Krankenschwester in Lambarene war, eine Mitarbeiterin Albert Schweitzers. Wer ihr heute im Schweitzerhaus zu Günsbach begegnet, etwa beim Johannistreffen oder sonst, der merkt, hier verwandelt sich Resignation an der gegenwärtigen Welt zum Pfad der Hoffnung. Und Ali Silver wird im Günsbacher Haus hierin nach Kräften von Tony van Leer und Emma Wetzel unterstützt. Nun wird sie 70, darum dieses:

Wenn beim Start der amerikanischen Raumfähre "Columbia" im April 1981 angeblich Hunderttausende von Menschen in die Hände geklatscht haben und in Jubel ausgebrochen sind, dann könnte uns das zu einer Art modernem Gleichnis werden, welches den Wunsch ausdrückt, sich, wenigstens auf Zeit, einmal von den schier unlösbaren Problemen auf unserer Erde zu lösen. Denn offensichtlich wächst das Verlangen auszusteigen.

Angesichts dieser Situation wird in einer geradezu erstaunlichen Weise Albert Schweitzers Denken und Handeln jeweils neu wegweisend. Zunächst nimmt er die herrschende Resignation unter den Menschen des 20. Jahrhunderts wahr und ernst zugleich. Da drückt er sich deutlich aus: "Ratlosigkeit und Pessimismus haben ... von uns Besitz ergriffen. So bleibt uns nichts übrig, als einzugestehen, daß wir nichts an der Welt verstehen, sondern von lauter Rätseln umgeben sind. Unsere Erkenntnis wird skeptisch." "Nimmt man die Welt, wie sie ist, so ist es unmöglich, ihr einen Sinn beizulegen, in dem die Zwecke und Ziele des Wirkens des Menschen und der Menschheit sinnvoll sind." "Ich glaube der erste im abendländischen Denken zu sein, der dieses niederschmetternde Ergebnis des Erkennens anzuerkennen wagt und in bezug auf unser Wissen von der Welt absolut skeptisch ist." Welterkenntnis und Welterfahrung, wir selbst wissen ein Lied davon zu singen, bewirken Resignation. Unwillkürlich wird man an Kirkegaards Wort über die Erfahrung erinnert: "Sie ist von allen lächerlichen Dingen das allerlächerlichste, und sie ist weit davon entfernt, einen Mann klug zu machen, daß sie ihn eher toll macht, wenn er nichts Höheres kennt als diese." Was Kirkegaard hier in der ihm eigenen polemischen Zuspitzung ausdrückt und Schweitzer auf seine ruhige und bedächtige Art aussagt, das kann uns zur selbstkritischen Frage werden: Beherrscht heute nicht deshalb Resignation das Feld, weil wir nur noch eindimensional zu denken vermögen, indem die Welterkenntnis und die Welterfahrung zu unserem ein und alles geworden ist? In Bezug auf die Kenntnis von der Welt ist Schweitzer also mit Skepsis erfüllt: "Ich sehe keine Wandlung zum Besseren in der jetzigen Situation", vermerkt er trocken.

Seine Resignation reicht aber in noch weitere Tiefen. Er bekennt: "Schmerzvolles Rätsel bleibt es für mich, mit der Ehrfurcht vor dem Leben in einer Welt zu leben, in der Schöpferwille zugleich als Zerstörungswille und Zerstörungswille zugleich als Schöpferwille waltet." Er sieht den faktischen Tatbestand: "Die Welt ist das grausige Schauspiel der Selbstentzweiung des Willens zum Leben. Ein Dasein setzt sich auf Kosten des anderen durch, eines zerstört das andere." Und in einer Predigt aus dem Jahre 1919 hören wir ihn betonen: "Unser Wissen ist Stückwerk, sagt der Apostel Paulus. Damit ist viel zu wenig gesagt. Noch schwerer ist, daß unser Wissen eine Einsicht in unlösbare Gegensätze bedeutet ... alle zurückgehend auf den einen, daß das Gesetz, nach dem sich das Geschehen vollzieht, nichts von dem an sich hat, was wir als sittlich erkennen und empfinden."

An dieser Stelle möchte ich den Faden etwas weiter spinnen und auf die Tragik im Verhältnis des Menschen zur Natur kurz eingehen. Das Erfahren von Tragik ist etwas typisch Menschliches. Von Tragik innerhalb der außermenschlichen Kreatur kann nicht die Rede sein. Wohl aber empfindet der Mensch, nicht nur in sich selbst und in der Begegnung mit seinesgleichen, sondern auch in der Begegnung mit anderen Geschöpfen Tragik. – Tragik meint den unlösbaren Widerspruch zweier gleich gut fundierter Ansprüche und Gebote. – Dafür spricht folgendes, an spätere Aussagen Schweitzers erinnerndes, Zitat aus der 1896 erschienenen Erzählung "Die Weltverbesserer von Joseph Viktor Widmann: "Nennen Sie es lieber Weltunordnung, daß die Geschöpfe Gottes auf gegenseitiges Auffressen angewiesen sind! ... Bei solcher Brutalität der Natur hätte auch der Mensch, wie er es in früheren Zeitaltern war, roh und unempfindlich bleiben müssen, gleichgültig gegen die Leiden der Mitgeschöpfe. Aber nun ist eben das unser Unglück geworden, daß wir fühlende Menschen sind und daß unsere Ideale diejenigen des Weltschöpfers übertreffen. Die sittliche Welt ist nicht im Einklang mit der natürlichen."

Tragisch ist weiter, daß der Mensch um seiner Existenz willen darauf angewiesen ist, Eingriffe in die Natur vorzunehmen, die ihm helfen und ihn bedrohen, "denn die Elemente hassen das Gebild von Menschenhand".

Die alten Religionen sprechen in mythischer Weise von solcher Bedrohung. Bei den Germanen war es Utgard: "Midgart, die milde fruchtbare Erde, steht gegen Utgard, die von Dämonen erfüllte wilde Natur." Utgard, "ein Waldungeheuer", legt sich wie eine Schlange drohend um den Kulturboden. Im Alten Orient ist es Tiamat, "ein Meerungeheuer", das ständig den Menschen gefährdet. In der alttestamentlichen Sintflutgeschichte wirkt dieser Mythos in den Worten nach: "... an diesem Tage brachen alle Quellen des großen Urmeers auf, und die Fenster des Himmels öffneten sich" (1. Mose 7,11).

Heute, da uns durch Kenntnis der Naturgesetze die Natur selbst vertrauter geworden ist, hat sich jene Bedrohung verlagert. Sie begegnet vorgängig, wie gesagt, im Bereich der Atomphysik und der Biologie. Wer die Natur berührt, gerät also nach wie vor in Gefahr. Und das Tragische daran ist, daß der Mensch nie ganz dieser Gefahr entrinnen kann, weil die Berührung der Natur für ihn lebensnotwendig ist. Auch dies will heute mitbedacht sein. Kurz: Nicht nur aber auch tragisch ist das Verhältnis des Menschen zur Natur. Und damit tut sich noch einmal Resignation auf.

Albert Schweitzer macht uns zunächst verblüfft und läßt uns dann die Ohren spitzen, wenn er ausruft: "Resignation ist die Halle, durch die wir in die Ethik eintreten." Nicht Ausstieg, sondern Einstieg in die "Verantwortung gegen alles, was lebt" bewirkt die Resignation. Wie ist das zu verstehen? Er schreibt in der Vorrede zu "Kultur und Ethik": "Resignation in bezug auf das Erkennen der Welt ist für mich nicht der rettungslose Fall in einen Skeptizismus, der uns wie ein steuerloses Wrack in dem Leben dahintreiben läßt. Ich sehe darin die Wahrhaftigkeitsleistung, die wir wagen müssen, um von da aus zu der wertvollen Weltanschauung, die uns vorschwebt, zu gelangen. Alle Weltanschauung, die nicht von der Resignation des Erkennens ausgeht, ist gekünstelt und erdichtet, denn sie beruht auf einer unzulässigen Deutung der Welt." Demnach hat die Resignation als Eingangshalle zur Ethik einen zweifachen Sinn. Einmal: Die Ethik läßt sich nicht von einem absoluten Weltgrund her abstützen. Der ethisch Handelnde hat angesichts des grausigen Schauspiels der "Selbstentzweiung des Willens zum Leben" keine Rückendeckung. Somit kann auch "logisches Denken über das Wesen der Welt ... nicht zum Ethischen gelangen". Da betont Schweitzer in seiner Schrift "Das Christentum und die Weltreligionen": "Die höchste Erkenntnis ist, daß alles, was uns umgibt, Geheimnis ist. Kein Wissen und kein Hoffen kann unserem Leben Halt und Richtung geben. Nur in der Tatsache, daß wir uns von dem ethischen, sich in uns offenbarenden Gott ergreifen lassen und unser Wollen in seines dahingeben, empfängt es seine Bestimmtheit." In dem Zusammenhang redet Schweitzer von "höherer Naivität", "die so entsteht, daß das Denken in alle Probleme hineingeschaut, bei allem Wissen und Erkennen Rat geholt hat und dann einsieht, daß wir nichts erklären können, sondern Überzeugungen folgen müssen, die sich uns durch ihren inneren Wert aufdrängen." Und diese Überzeugung heißt: "Ethik ist die Ehrfurcht vor dem Willen zum Leben in mir und außer mir." Damit hat die Resignation – dies ist das Zweite, was es zu beachten gilt – einen "praktischen Lebensbezug", wie Schweitzer sagt. Das bedeutet: Ich muß frei geworden sein für das, was ich tue, auch im Blick auf das mögliche Scheitern. Denn wir werden es nie fertigbringen, dem Bösen, das die Geschichte von Anfang an durchwaltet, ein Ende zu bereiten. Diese Einsicht nicht zu verdrängen und dennoch so zu handeln, als ob eine bessere Menschheit eines Tages Wirklichkeit würde, dies ist die Paradoxie, der nach Schweitzers Einsicht die Ethik untersteht.

So ist der Weg, zu dem Schweitzer uns einläd, der von der Resignation zur Verantwortung, von der Verzweiflung zur Hoffnung. Um das noch etwas zu verdeutlichen, gilt es zu beachten, daß Schweitzer als Ethiker zugleich Theologe und als Theologe zugleich Ethiker ist. Da bekommt für ihn Jesu Wort und Tat grundlegende Bedeutung. Jesus, so arbeitet er heraus, nimmt Teil an der spätjüdischen Vorstellung seiner Zeit, wonach das Weltende in unmittelbare Nähe gerückt ist, und das überirdische Reich Gottes bald hereinbrechen wird. Angesichts dieser Lebens- und Weltverneinung ausdrückenden Vorstellung verharrt Jesus doch nicht in Passivität und Resignation. Losgelöstheit von der Welt und tätige Liebe bestehen in Jesu Ethik nebeneinander. Wörtlich sagt er: "Der Lebens- und Weltverneinung zugehörend, behält sie damit doch eine Affinität zur Lebens- und Weltbejahung." Für Schweitzer ergibt sich daraus der entscheidende Impuls, den ich so ausdrücken möchte: In der Freiheit von der Welt gründet die Verantwortung vor Gott für die Welt.

Auf seine Weise drückt das der Apostel Paulus aus, wenn er davon spricht, daß wir durch den Tod zum Leben kommen. Albert Schweitzer nimmt dies 1907 in einer Predigt "Zum Totengedächtnis" auf. Als Text dient ihm da das Pauluswort: "Er (Christus) muß aber herrschen, bis daß er alle seine Feinde unter seine Füße lege. Der letzte Feind, der aufgehoben wird, ist der Tod" (1. Korinther 15,25 f.). Darin wird das Thema von der Resignation zur Verantwortung, von der Verzweiflung zur Hoffnung in der Variation vom Tod zum Leben aufgenommen. Schweitzer ermuntert hier: "Wir alle müssen uns mit dem Gedanken an den Tod vertraut machen, wenn wir zum Leben wahrhaft tüchtig werden wollen. Wir brauchen nicht jeden Tag, jede Stunde daran zu denken; aber wenn der Weg unseres Lebens auf einen Aussichtspunkt führt, wo das Nahe verschwindet und der Blick in die Ferne bis zum Ende schweift, dann die Augen nicht schließen, sondern innehalten und in die Ferne schauen und dann wieder weiter. Aus diesem Todesgedenken kommt die wahre Liebe zum Leben. Wenn wir in Gedanken mit dem Tod vertraut sind, nehmen wir jede Woche, jeden Tag als ein Geschenk an, und erst wenn man sich das Leben so stückweise schenken läßt, wird es kostbar. Das Vertrautsein mit dem Gedanken des Todes wirkt allein auch die wahre, innere Freiheit von den Dingen."

Dazu assoziiere ich: Im Welthorizont wird Frieden gegenwärtig als Abschreckung durch Waffenarsenale proklamiert. Das ist ein kalter Friede, kalt aus Angst. Mit anderen Vorzeichen könnte auch die heutige Friedensbewegung jene Kälte aus Angst durchziehen. Wieso?

In dieser Angst baut der Mensch auf sich selbst. Wer aber auf sich selbst setzt, der setzt auf den Tod, denn wir sind sterblich. Die Angst um den Frieden in der Welt kennzeichnet unsere eigene Todesangst. Doch wer hier unverändert "dauern möchte", der ist der Selbstvernichtung näher als derjenige, der die Zeichen der Zeit als eine Lehre des Sterbenmüssens zu deuten weiß. So wirkt der Glaube befreiend: Unser Tod kann gar nicht in die Trennung von Gott führen, denn es folgt ein neues Werden, ein Werden, das in Gottes Liebe zu uns schon angelegt ist. Das läßt uns heiter, gelassen und fest durch dieses Leben schreiten, selbst wenn morgen die Erde "unterginge", eine Möglichkeit, angesichts derer wir zu leben haben.

Jesus Christus ermächtigt zur Befreiung von Todesängsten und bewegt zur Geburt des Friedens in uns selbst. Der Zuspruch aus der Bergpredigt trifft ein: "Heiter, selig sind die Friedensstifter, denn sie werden Gottes Kinder sein."

Damit gilt auch: Wir nehmen die benannten und ungenannten Gründe zum Aussteigen wahr und ernst und steigen trotzdem ein. Das läßt mich mit jenen Worten Albert Schweitzers schließen, die am Ende seiner "Geschichte der Leben-Jesu-Forschung" stehen: "Als ein Unbekannter und Namenloser kommt er zu uns, wie er am Gestade des Sees an jene Männer, die nicht wußten wer er war, herantrat. Er sagte dasselbe Wort: Du aber folge mir nach! und stellt uns vor die Aufgaben, die er in unserer Zeit lösen muß. Er gebietet. Und denjenigen, welche ihm gehorchen, Weisen und Unweisen, wird er sich offenbaren in dem, was sie in seiner Gemeinschaft an Frieden, Wirken, Kämpfen und Leiden erleben dürfen, und als ein unaussprechliches Geheimnis werden sie erfahren, wer er ist..."

Hiermit sei Ali Silver, die Mitstreiterin Schweitzerscher Ethik, zu ihrem Geburtstag aus den Bündner Bergen herzlich gegrüßt von

Ihrem Peter Niederstein

Manfred Hänisch, Wurmlingen (BRD)

Wie wächst Vertrauen?
– Ein Dank und ein Appell –

Wir verdanken der Darstellung Ali Silvers im Bilde Albert Schweitzers die Züge von Licht und Frieden. Uns Menschen allen hat sie in ergreifender Einfachheit viele einzelne Begebenheiten aus den zwei Jahrzehnten ihres Wirkens an der Seite des Doktors im Spital geschildert, bei ihren Vorträgen 1979 in Taipeh und 1980 in der CSSR (s.o. Kap. V). Aber auch in Günsbach, wenn wir ihre Gastfreundschaft und Zuwendung erleben dürfen, erfahren wir immer wieder Einzelheiten, die wir so nirgends sonst erfahren können: "Wo hat ein Mensch", sagt sie, "mit so wenig Mitteln so viel erreicht?" Durch Konzentrieren, Sparen, Verzichten, durch das Bauen auf das Gute im Gegenüber, durch das Erwecken der Flamme im anderen, durch die hingebungsvolle Tat, die mich mit der zwiespältigen Welt aussöhnt.

Wir stehen vor dem Bild des ethischen Menschen, der durch sein Sein aufweckt, erzieht, hingeleitet. Wo Kraft ist, ist Wirkung von Kraft, die ausstrahlend neue Kraft hervorruft. Das im Wassertropfen gebrochene Licht, das sprengende Eis in der Felsspalte, das tausendfältig sprossende Grün, die untergehende Sonne, die alles im Feuer aufflammen läßt!

Wir stehen vor dem Bild des elementaren Menschen, der unserer Zeit, unserem kompromittierten Denken, Arzt sein kann und es ist. Nehmen wir seine Schriften zur Hand, von der Kulturphilosophie 1923 bis zu den letzten Aufsätzen und Aufrufen für das Menschsein, gegen die Atomwaffen, 1963 - 1965, so steht die große Wahrheit unserer Zeit vor uns, in einfacher, geschlossener Klarheit und darum jedem verständlich: Wir müssen uns unserer Unmenschlichkeit bewußt werden und abgehen von dem Wege, auf dem wir uns befinden!

Wir sind also abgeirrt von unserer wesentlichen Bestimmung, Mensch zu sein. Was heißt das? Wir werden die Antwort darauf jedenfalls von Schweitzer her nicht richtig finden, wenn wir absehen vom Geist Jesu, der uns Gott erkennen läßt, nicht düster und rätselhaft im sinnlosen Geschehen um uns, sondern als Willen der Liebe in uns, bereit zur Hingabe an das Elend der Welt. Mensch-sein heißt insoweit, nicht sich selbst zu rechtfertigen und den anderen zu bezichtigen, sondern unablässig und in der Tiefe an sich zu arbeiten. "Mein Verhalten der Liebe richtet nichts aus. Das ist, weil noch zu wenig Liebe in mir ist. Ich bin ohnmächtig gegen die Unwahrhaftigkeit und die Lüge, die um mich herum ihr Wesen haben. Das hat zum Grunde, daß ich selber noch nicht wahrhaftig genug bin. Ich muß zusehen, wie Mißgunst und Böswilligkeit weiter ihr trauriges Spiel treiben. Das heißt, daß ich selber Kleinlichkeit und Neid noch nicht ganz abgelegt habe. Meine Friedfertigkeit wird mißverstanden und gehöhnt. Das bedeutet, daß noch nicht genug Friedfertigkeit in mir ist... Alle gewöhnliche Kraft beschränkt sich selber. Denn sie erzeugt Gegengewalt, die ihr früher oder später ebenbürtig oder überlegen ist. Die Gütigkeit aber wirkt einfach und stetig. Sie erzeugt keinerlei Spannungen, die sie beeinträchtigen. Bestehende Spannungen entspannt sie, Mißtrauen und Mißverständnisse bringt sie zur Verflüchtigung. Sie verstärkt sich selber, indem sie Gütigkeit hervorruft. Darum ist sie die zweckmäßigste und intensivste Kraft. ... Ideale sind Gedanken. ... Wirksam wird ihre Macht erst, wenn mit ihnen dies vorgeht, daß das Wesen eines geläuterten Menschen sich mit ihnen verbündet." (Aus meiner Kindheit und Jugendzeit, Schlußabschnitt) Wir danken Ali Silver, daß sie unter uns dieses Bild Albert Schweitzers bewußthält und dieses Vorbild lebt.

Auf diesen Spuren möchte ich hier gehen und nach den Wurzeln des Mißtrauens in unserer Zeit zwischen den Völkern suchen. Ohne möglichst klare Diagnose wird Vertrauen nicht wachsen können, das unsere Not wenden kann und muß.

Es ist eine Tragödie, wie die Technik der Waffen der Dimension menschlicher Feindschaft davongelaufen ist! Wäre die Ursache davon Neugier, Erfindergeist, wertneutrales Weitertreiben und -ausprobieren einmal gemachter Entdeckungen, so wäre der Mensch eine Fehl-Konstruktion, angelegt auf Selbstvernichtung. Ist er als Übermensch Unmensch geworden, dann hat er sich eben von seinem Wesensgrund gelöst, sein technisches Wissen und Können hat Verantwortung und Willen zur Erhaltung des Lebens überrundet. Feindschaft aber ist immer Feindschaft geblieben: Sie wächst aus der Verteilung der Güter, aus Hegemonie-Streben, aus der Auffassung der Lebensart und der Menschenrechte, aus weltanschaulichen Differenzen, kurz aus der Neigung, zu herrschen statt zu helfen. Ich beschränke mich hier auf den Ost-West-Konflikt, die kommunistische oder kapitalistische Lebensart, Gesellschaft zu organisieren, um Güter gerecht zu verteilen. Selbst wenn beide Systeme in äußerster Selbstgerechtigkeit sich gegeneinander behaupten oder einander überwinden wollen, verfolgen beide doch, subjektiv gesprochen, das Glück der Menschen. Die Völker, die sie sich verbünden oder unterordnen, sollen auf ihrem Wege, dem Wege der heutigen Supermächte, zu Wohlstand und Frieden geführt werden. Das ist seit dem Kommunistischen Manifest von 1848 im Prinzip nicht anders geworden. Die Kontroverse wird aber heute mit Mitteln der Androhung von Massenmord und Abschreckung mit mehrfachem Tod (!) geführt, die alle Güter vernichten, alle Wertordnungen überflüssig machen werden, zudem die Schuld der Vernichtung des Lebensraums der Menschen dem aufbürden, der übrig bleiben wird. Dieses unbegreifliche Mißverhältnis zwischen Ursache zum Streit und Ergebnis des eventuell ausgetragenen Streits ist inhuman in sich, bedeutet eine vorher nie dagewesene Veränderung des Daseins von Menschen und erfordert von uns ganz neue Schritte.

Sollte die Kontroverse ihre Wurzel in religiösen Anschauungen, also im Glauben an Gott oder der Überzeugung von der wissenschaftlichen Erledigung des Glaubens an Gott haben? Dann wäre zwar der Fanatismus bei vielen auf beiden Seiten verstehbar, aber dennoch keine Rechtfertigung erkennbar für grausame Waffensysteme, die unendliches Leiden erzeugen werden. Der Wille Gottes ist nach der Heiligen Schrift nicht auf Bestrafung und Tod des Sünders gerichtet, sondern auf sein Leben und die Hinkehr zu Gott. Albert Schweitzer spricht vom Willen der Liebe gegen alles was lebt, in uns gelegt und geweckt durch den Geist Jesu. Der "Namenlose" läßt uns als seine Werkzeuge im Dienst erkennen, wer er ist. Wir können die Kontroverse um ihn getrost aus unserer Selbstrechtfertigung herausnehmen und die Entscheidung ihm überlassen, anstatt uns mit gotteslästerlichen A-Waffen und anderen Waffen einzudecken.

Und die Verletzung der Menschenrechte als Anlaß des Streits der Systeme? Versuchen wir auch hier, mit Schweitzer beiden Seiten einen positiven Wert vor Augen zu stellen, um sie aus den gegenseitigen Vorwürfen herauszulösen. Nie sei der Mensch unfrei gebeugt unter eine Machtstruktur! Teilt nicht ein in Freunde und Feinde, in Nützliche und unbequeme Schädlinge! Laßt die Menschen Gütigkeit empfangen und ausstrahlen. Wer aber meint, die Menschen verdienten das nicht, wer ihnen deswegen Unfreiheit auferlegt und Vernichtung androht, der zerstört damit im Frevelmut sein eigenes Menschsein, begibt sich selber des Rechtes, mit den anderen und wie die anderen Mensch zu sein. Wir können auch in diesem Streitpunkt keine Rechtfertigung erkennen für das, was in den Strategien beider Militärblöcke in sogenannten Kriegs-Szenarien mit der Bevölkerung des jeweiligen Gegners durchgespielt wird, unter kühler Einplanung des Verlustes von sehr großen Teilen der eigenen Bevölkerung! Wo bleibt da das elementarste Menschenrecht auf Leben, auch von denen, die die Vernichtung auf Befehl durchführen sollen? Im Gegenteil wird hieran deutlich, daß keiner das Recht auch nur auf Verteidigung mit diesen Waffensystemen hat, weil sie als solche, egal wo sie stehen und wer sie wozu auch immer einsetzt, das elementarste Menschenrecht auslöschen. Damit wird die ganze Illusion der Politik mit A-Waffen offenbar.

Das wissen viele in Ost und West. Und dennoch kommt gegenseitiges Vertrauen, gemeinsames Handeln der Völker gegen diese Gefahr, kommen Abkommen ihrer Regierungen auf dem Weg zur Sicherheitspartnerschaft, kommt stufenweise Abrüstung immer noch nicht zustande. Jeder mißtraut dem anderen und möchte erst dann "offen" mit ihm reden, wenn er sich um einiges stärker weiß als er. Dieser Punkt wird nicht eintreten. Stattdessen haben wir die der Vernunft bare Rüstungsspirale. Darin ist das fatale Defizit an gegenseitigem Vertrauen offenbar. Ein Hauptgrund dafür ist die Abschirmung von gegenseitigen Informationen, das Sperren der Reisemöglichkeiten, das Getrennthalten der Menschen, mit einem Wort die Geheimnistuerei. Nie und nimmer wäre es sonst zu dieser unverantwortlichen Revolution der Waffentechnologie gekommen, zu tausendfachem Mord in Gedanken am andern in Form von Planspielen und Aufträgen einer ständigen "Waffenverbesserung"!

Um noch tiefer an die Wurzeln des Mißtrauens heranzukommen, betrete ich hier den Bereich der Friedens- und Konfliktforschung. Viele forschen hier schon viele Jahre lang, und ich kann wirklich nur ganz wenige hier nennen. Indem ich das tue, bezeuge ich meine Dankbarkeit für die erleuchtenden Analysen und mache die wichtigen Ergebnisse auch an dieser Stelle laut. Überall sind die Gründe wiederzuerkennen, die Schweitzer zu seinen unermüdlichen Warnungen und Appellen geführt haben; oft nehmen die Forscher geradezu auf ihn Bezug.

Ich wende mich zunächst an meine Landsleute, die Deutschen in der Bundesrepublik. Die Wurzel unseres Mißtrauens gegen die Russen liegt zuerst einmal in uns selber, nicht im Verhalten des Gegenübers. Nach unserer Niederlage 1945 setzte ein gewaltiger seelischer Abwehrmechanismus ein, den Alexander und Margarete Mitcherlich beschrieben haben in ihrem Buch: Die Unfähigkeit zu trauern, München 1967, dort in den ersten beiden Kapiteln. Die Vergangenheit, das Dritte Reich mit der Riesenschuld, zu der auch der Überfall auf Rußland und der Feldzug dort gehört, wird dadurch entwirklicht, versinkt traumhaft. Eine echte Einfühlung in das Schicksal der Opfer der Verbrechen findet nicht statt, es kommt nicht zu Trauer und Scham über das angerichtete Elend. Schuld wird verleugnet, nicht übernommen. Der emotionelle Antikommunismus, unter Hitler eindressiert, bleibt weiter gültig, findet in der weltpolitischen Entwicklung eine Unterstützung (S. 39-43). Im Gruppengefühl westlicher Lebensart projezieren wir alles Böse auf die Sowjetrussen. Auch rechnen wir ihnen die "Teilung" Deutschlands an als Schuld, obwohl aus den Adenauer-Memoiren klar hervorgeht, wie hoch der Anteil der westlichen Nachkriegspolitik an der Entstehung zweier deutscher Staaten ist.

Wir haben doch wohl den Sowjetmenschen noch nicht verstanden und in seiner seelischen Verfassung ernstgenommen. Schweitzers elementarer Satz, daß ich den Willen zum Leben des anderen Wesens in meinem eigenen Willen zum Leben miterlebe, ist demjenigen nicht nachvollziehbar, der im anderen nur das Objekt zur Erfüllung eigener Wünsche oder gar Phantasien erblickt. In der Bejahung des eigenen Willens zum Leben muß die Verneinung enthalten sein, die sich als Dienstbereitschaft am anderen Willen zum Leben äußert.

Dies gilt allerdings auch in umgekehrter Richtung. Darum bitte ich auch die Menschen im Osten, sich darüber klar zu sein, was uns an ihnen schreckt und Angst macht. Ich frage: Ist der Wille zur Revolution der Völkerwelt, das dogmatisch starre Festhalten an den historisch bedingten Lehren von Marx, Engels und Lenin vereinbar mit dem Schweitzerschen Kulturprinzip, das andere Leben auf seinen höchsten Wert zu bringen? Ist die Erziehung zum Haß gegen den Klassenfeind, gegen den "Imperialisten" und "Kapitalisten", ist die Verfolgung Andersdenkender durch die Geheimdienste vereinbar mit dem Schweitzerschen Prinzip der grenzenlosen Verantwortung gegenüber allem, was lebt, mit seinem Verzicht auf das Unterschiedemachen zwischen angeblich wertvollem und weniger wertvollem Leben - also auch Menschenleben? Ist Schweitzers Kulturkritik wirklich nur relativ - weil spätbürgerlich - oder trifft sie, weil absolut, auch genauso den Zerfall der Humanität im östlichen System?

Die Amerikaner bitte ich zu bedenken, was einer ihrer herrlichsten Söhne, der Pastor und Friedensnobelpreisträger Martin Luther King, 1963 geschrieben hat, in seinem Buch: Why we can't wait. Jedenfalls kann ich die Posaune vom Kreuzzug für Frieden, Freiheit, Demokratie und Menschenrechte nicht mehr hören, ohne an die Sätze M.L. Kings denken zu müssen: "Unsere Nation erlebte ihre Geburt in der rassenmörderischen Idee, daß die ursprünglichen Amerikaner, die Indianer, eine minderwertige Rasse seien. Und lang, bevor Neger in großen Scharen die Gestade unseres Landes erreicht hatten, war das Gesicht unserer kolonialen Gemeinschaft bereits durch das Kainsmal des Rassenhasses entstellt... Vielleicht sind wir das einzige Volk, das es als Bestandteil seiner nationalen Politik betrachtete, die ursprüngliche einheimische Bevölkerung auszurotten. Ja, wir haben uns sogar erfrecht, diesen tragischen Feldzug in einen edlen Kreuzzug umzumünzen, und selbst heute sind wir noch nicht bereit, jene schmachvolle Epoche unserer Geschichte zu bedauern oder zu bereuen... Lange haben die Amerikaner den Ruhm der Freiheit angestrebt und sich gleichzeitig mit Vorurteilen und Sklaverei befleckt. Heute kämpft der Neger um ein besseres Amerika - und er wird dabei mit Sicherheit die Mehrheit der Nation für sich gewinnen, weil unser hart erkämpftes Erbgut, die Freiheit, schließlich unendlich größere Kraft erweisen wird als unsere Tradition der Grausamkeit und der Ungerechtigkeit."

Also auch hier: unverarbeitete historische Schuld, der Wahn, auserwählte Rasse zu sein. Möglicherweise ist dies die Wurzel der Projektion alles Bösen auf den Sowjetkommunismus, der die Hegemonie erstrebt, zu der man selber berufen zu sein glaubt. Hinzu kommt der grenzenlose technische Optimismus, der die Nation noch niemals in tiefes, gemeinsames Leiden geführt hat.

Sind diese tiefsitzenden Schäden der Kollektiv-Seele eine hinreichende Erklärung dafür, daß man Waffen erfindet und produziert, die in ihrer Grausamkeit jedes menschliche Maß weit hinter sich gelassen haben?

Vor fünfzehn Jahren schrieb Dieter Senghaas, daß wir in einem System organisierter Friedlosigkeit leben und uns in Ost und West daran gewöhnt haben. Ursache und Inbegriff sieht er in der Doktrin der Abschrekkung (Aggressivität und Gewalt. Thesen zur Abschreckungspolitik, in edition suhrkamp 282, Frankfurt 1968). Das System der Abschreckung fixiert die Gegner aufeinander, läßt jeweils den anderen immer potentiell aggressiv erscheinen, nimmt ihm die Möglichkeit, anders zu reagieren als von ihm erwartet; jeder bereitet sich auf alle möglichen, auf vorgestellte Konflikte vor, nicht auf die wahrscheinlichen. Die Kriegsbilder entwickeln sich eigendynamisch, wuchernd, weiter, abseits realer Konflikte. Die Informationen übereinander, welche im Abschreckungssystem zutage gefördert werden, "sind geprägt durch Freund-Feind-Bilder, Stereotype, Vorurteile, Projektionen und, was deren Inhalt angeht, durch die Unterstellung unbezweifelbarer Absichten und Zielsetzungen des Gegners, die in Wirklichkeit eher Ausdruck eigener Phantasien sind als Ergebnisse korrekter Analysen."

Zu diesem System gehört die Drohpolitik. "Sie ist der eigentliche Motor, der die Kriegsbilder, die ihnen zugeordneten Bewußtseinsinhalte und gesellschaftlichen Organisationen vorantreibt; sie ist die dynamische Kraft, die das jeweils erreichte Niveau der Rüstungstechnologie immer schon als obsolet erscheinen läßt; und wo, wie im Abschreckungssystem, die Drohpolitik der einen Seite die der Gegenseite provoziert und sie sich fast symmetrisch begegnen, da ist die Chance, den einmal begonnenen Wettlauf von Drohphantasie und Gewaltdiplomatie zu stoppen, sehr gering.

Die Waffensysteme lösen sich mit unerbittlicher Konsequenz alle vier bis sieben Jahre ab, und in gleichen Zeiträumen ermitteln Strategen im überkommenen Abschreckungssystem jeweils immer wieder als 'katastrophale Leerstellen' apostrophierte Lücken. Dieser Zwang zu spiralförmig sich forttreibender Innovation, die den Rahmen der Abschreckung nie sprengt, sondern ihn letztlich nur immer wieder auf erweiterter Stufenleiter neu bestätigt, ist das herausragende Merkmal einer Politik, in der die Wirklichkeit nicht mehr vorkommt." Dies funktioniert nur, weil die kollektive gesellschaftliche Psyche mobilisiert wird. Aggressive Motivationsströme werden erzeugt, die Kosten der Abschreckung relativ kritiklos akzeptiert. "Das Ergebnis ist eine höchst gefährliche Mischung aus Angst und Gewalt." Abschreckung produziert ständig Gewaltpolitik und Drohdiplomatie, verstärkt sich dadurch selber und erscheint bestechend einleuchtend. Doch liegt darin auch die Ursache verhängisvoller Gefahren. "Denn Abschreckungsstrategien - wie Drohhaltungen allgemein - machen blind. Sie wirken auf Individuen und Kollektive intelligenzhemmend und fördern Ignoranz. Indem sie Informationen mobilisiert, die nur ihre eigenen Projektionen bestätigen, und indem sie ständig im Umkreis fiktiver Drohbilder sich abspielt, lernt diese Politik zwar unablässig, und wird doch, trotz allen Informationsapparaten und Geheimdiensten, nur immer dümmer."

"Frieden wird es nur jenseits von Abschreckung geben." Wenn realistische Ansatzpunkte einer Friedenspolitik formuliert werden sollen, muß der Bann von Abschreckung gebrochen werden.

Ich habe D. Senghaas ausführlich zitiert, weil hier, 1968, Zusammenhänge benannt werden, die uns heute, 1983, in der Situation der neu entwickelten Raketen und ihrer treffgenauen elektronischen Steuerungssysteme, blitzartig und grell beleuchtet vor Augen stehen. Es gilt, einen Bann zu brechen und umzukehren. Das Wort von der sich beschleunigenden Fahrt oberhalb eines gefährlichen Kataraktes kommt mir in den Sinn. Schweitzer sagte es 1947, bei dem Interview im Urwald (Gesammelte Werke V, S. 558). Er verweist dabei auf seine Analyse der Kulturkrise aus den Jahren des Ersten Weltkrieges. Entscheidender Faktor an dem Kulturzerfall ist die Außerkraftsetzung des Denkens von Idealen. Nur wenn das geändert werde, sehe er Hoffnung für die Zukunft. Bei uns heute werden dank der Massenmedien Informationen abgeklemmt, verfälscht, falsche Bilder suggeriert, kollektive Dummheit erzeugt (D. Senghaas). Wie sollen da ethische Ideale gedacht werden können, etwa das der Versöhnung und der gegenseitigen Hilfsbereitschaft? Der Menschengemeinschaft gegen den Waffenwahnsinn?

Die Schwedin Alva Myrdal sagt in ihrer Rede anläßlich der Verleihung des Friedensnobelpreises an sie vom 11. Dezember 1982 (abgedruckt in: Falschspiel mit der Abrüstung, Hamburg 1983): "Wer schon genug hat, braucht nicht noch mehr", und sie meint damit die Kernwaffen. Dann fährt sie fort: "Ich bin mit den vielen einer Meinung, die im Einfrieren aller erdenklichen Waffensysteme einen ersten Schritt zu einer realistischen Abrüstungspolitik erblicken. Wäre es doch nur möglich, den Machthabern klarzumachen, daß die Motive, die sie immer tiefer in das Wettrüsten hineintreiben, ganz einfach Wahnsinn sind! Seit ich in jüngster Zeit zu den Internationalen Ärzteinitiativen gegen den Atomkrieg in Boston und Stockholm Kontakt aufgenommen habe, ist mir dies noch um vieles klarer geworden. Diesen Initiativen gehören mittlerweile 38.000 Mitglieder an, Spezialisten aus Ost und West. Diese Ärzte haben in aller Deutlichkeit erläutert, wie der Mensch auf die atomare Bedrohung reagiert. Einerseits, indem er vor dieser Gefahr ganz einfach die Augen verschließt; und dies ist ja auch seit langem die Reaktion des 'einfachen Bürgers'. Andererseits kann die Reaktion aber auch eine Art nationalistischer Paranoia sein oder - wie es die Experten ganz unverblümt nennen - Verfolgungswahn. Der Feind wird stets mächtiger hingestellt als er ist, die Gefahr, die er darstellt, wird weit übertrieben, um die Menschen davon zu überzeugen, er sei das 'absolute Böse', bereit, sie alle zu verschlingen. Und angesichts dieser Gründe muß angeblich weiter gerüstet werden. Dies aber ist Wahnsinn, wo wir doch wissen, daß beide Supermächte schon heute um so vieles mehr als 'genug' haben."

Alva Myrdal gibt in ihrem Buch Handlungsvorschläge in großer Zahl, so detailliert und aufmunternd, wie wir es uns wünschen. Hier kann jeder konkrete Schritte vorgezeichnet finden, der sie wirklich gehen will. Als Frau sieht sie mit scharfem Blick den Zusammenhang zwischen Militarisierung und Brutalisierung unseres Zusammenlebens schon jetzt. Als Politikerin des neutralen Schweden ist sie frei von Einseitigkeit und fatalen Feindbildern; sie erblickt Ansätze von Vertrauenswürdigkeit durchaus auf beiden Seiten! Aber welch hohen Einsatz mit unermüdlicher Arbeit hat sie jahrelang als Politikerin der Abrüstungsfrage gewidmet, wie Schweitzer bis ins hohe Alter hinein!

Carl Friedrich von Weizäcker spricht an vielen Stellen eben davon: Außerordentliche moralische Anstrengungen, unermüdliches Denken sind nötig, soll der Ausweg gefunden werden!

Tief eingegraben hat sich uns inzwischen sein Satz: "Der Weltfriede ist Lebensbedingung des technischen Zeitalters." Ebenso tief geht uns seine Deutung der Friedlosigkeit als seelischer Krankheit (Vortrag, 1967 in Bethel gehalten, in: Der bedrohte Friede, München 1981, S. 153 ff). "Friedlosigkeit ist von außen her weder als Dummheit noch als Bosheit anzusprechen; eben darum ist sie weder durch Belehrung noch durch Verdammung zu überwinden. Sie bedarf eines anderen Prozesses, den man Heilung nennen sollte. Erst in der Heilung wird der Kranke selbst innewerden, inwiefern er als Kranker töricht und schuldig war. Der Kranke, dessen Krankheit nicht oder noch nicht geheilt werden konnte, bedarf der Fürsorge. Heilung der Friedlosigkeit ist, menschlich gesehen, nicht möglich ohne einen Rahmen, der die Fürsorge für die Ungeheilten umfaßt." Dieser Rahmen ist für ihn die vernünftige Weltfriedensordnung, die unser Geschlecht unter dem gegenwärtigen labilen, aber noch dauernden Zustand des atomaren Patt zustandebringen muß, will es nicht untergehen. Alle müssen dafür Opfer bringen, sprich: von ihrer Autonomie, ihrer Souveränität, erst recht aber von ihrem Hegemoniestreben, abgehen. "Friedlosigkeit ... ist ein Unvermögen, die Anpassung an die Notwendigkeit des Friedens zu leisten. Friedfertigkeit nämlich ist eine Kraft, ein Vermögen. ... Friedfertig ist, wer Frieden um sich entstehen lassen kann. Das ist eine Kraft, eine der größten Kräfte des Menschen. Ihr krankhaftes Aussetzen oder Verkümmern, fast stets bedingt durch mangelnden Frieden mit sich selbst, ist die Friedlosigkeit. Friedlosigkeit ist eine seelische Krankheit." Wer heilt? Staaten, Institutionen, Politiker, Parteien? "Die Träger der Macht sind oft genug friedlose Menschen; ihre Rechtfertigung ziehen sie aus der manifesten Notwendigkeit, das Chaos der ungezügelten Konflikte zu vermeiden." Macht wäre dort überflüssig geworden, wo Friedlosigkeit geheilt ist. Aber "die Abschaffung der Macht steht nicht in unserer Macht." Wenn wir die friedlose Welt sich selber überlassen, überlassen wir sie ihrer und unserer Katastrophe. "Fürsorge für die Ungeheilten heißt hier: Errichtung von Recht, wo die Liebe nicht durchdringt."

In einer Würdigung Dietrich Bonhoeffers aus dem Jahr 1976 führt uns C.Fr. von Weizäcker noch weiter (in: Garten des Menschlichen, München 1977, S. 454 ff). Er untersucht dort Religion als Grund einer radikalen Ethik. Der Ausgang aus der selbstverschuldeten Unmündigkeit geht einher mit der Tugend der Wahrhaftigkeit, deren Kern es ist, sich nicht selbst zu belügen. "Will nun die autonome Ethik wahrhaftig sein, so wird sie radikal. Dazu ist keine abstrakte Konsequenz nötig, es genügt der realistische Blick auf die menschliche Gesellschaft. Die Probleme der Gerechtigkeit, der Mitmenschlichkeit, ja des Überlebens bleiben ungelöst, solange jeder Einzelne und noch mehr jede soziale Gruppe die ethischen Forderungen streng nur auf die Anderen, auf sich selbst aber lax anwendet. Das Resultat ist die Kette von Katastrophen, die man politische Geschichte nennt. Das Verhalten von uns Menschen in dieser Geschichte ist nicht primär böse, es ist vor allem unter unserem eigenen intellektuellen Niveau, es ist dumm.

Es gibt wohl kaum einen Interessengegensatz zwischen den Menschen, der nicht im Prinzip durch allseitige Vernunft zu überwinden wäre. Die Dummheit, die die Lösung verhindert, ist durch mangelnden guten Willen produziert, und dieser Mangel ist die Folge von Angst. Der moralisch Sensible, der dies an sich selbst immer wieder beobachtet, muß sich selbst hassen. Jedes Versagen unserer Wachheit, unserer Wahrhaftigkeit, wird uns aber erlauben, diesen Haß auf andere zu projizieren. Deshalb tritt der Kampf für die Gerechtigkeit fast immer mit dem Pathos des Hasses auf. Damit rechtfertigt jedoch der Kämpfer für die Gerechtigkeit die Angst und den Haß des Gegners, den er bekämpft. Diese affektive Verstrickung zwischen den Menschen wird durch die gegenseitige Angst stabilisiert. Sie wird nicht durch rationale Überlegung, sondern nur durch einen reineren Affekt aufgelöst, durch die Liebe. Die Erfahrung, daß die Liebe möglich ist, ist der religiöse Grund der radikalen Ethik. Die Möglichkeit der versöhnenden Liebe wird als Gnade erfahren. Offene Zuwendung zu dieser Gnade ist Glaube. Der traditionelle religiöse Ausdruck dieser Erfahrung ist, daß wir den Nächsten nur in Gott wirklich lieben können. Das Gebot "liebe deinen Nächsten wie dich selbst" ist in autonomer Moral unerfüllbar, denn anders als in Gott kann ich auch mich selbst nicht sehend lieben; je sensibler ich bin, desto weniger dürfte ich mir verzeihen, daß ich bin wie ich bin."

Wir halten fasziniert und betroffen inne: Vor der Wahrheit dieser Sätze gibt es kein Ausweichen! Vertrauen und Frieden ist ohne religiösen Grund nicht erreichbar. Wir sehen uns nach langem Weg durch komplizierte Gedanken wieder neben Albert Schweitzer stehen: Werde Du ein Kind des Friedens und des Lichtes! Es sagt's Dir der Arzt, der Bürgerrechtler, der Soziologe, die Politikerin, der Philosoph: Vertrauen kann der andere auf Dich nur setzen, wenn Frieden und Wahrhaftigkeit in Dir ist! Kein Programm und keine Regierung nimmt Dir das Denken ab. Läutere Dich und vertraue auf die Kraft des Geistes, der auch die anderen läutern wird. Gehe Du als Beispiel voran, so wie ich es zeitlebens getan habe: Ich habe nichts von anderen gefordert, was ich nicht selber zu tun bereit war!

Es ist keine Frage, daß unser öffentliches Leben in West und Ost fernab von diesen Prinzipien verläuft. Damit aber dürfen wir uns nicht abgestumpft, nicht resigniert abfinden! Das Spital zu Lambarene war ein komplizierter Organismus mit sehr vielen Menschen verschiedenster Herkunft und Denkungsart, damals, als Doktor Schweitzer noch lebte und Schwester Ali Silver an seiner Seite arbeitete. Wir danken ihr, daß sie Zeugnis und Beispiel der Schweitzerschen Treue zum Auftrag unter uns gibt. Auf Treue wächst Vertrauen.

Jan Helge Solbakk, Oslo

Auf dem Wege der Versöhnung
– Der Mensch in der heutigen Waffenwirklichkeit –

Mensch sein; sich selbst zu finden versuchen, nach seiner Identität zu fragen. – Diese Frage führte mich zum Albert Schweitzer-Haus in Günsbach und da warst Du, Ali, mit einer Antwort auf meine Frage. Ich fand eine unerschöpfliche Lebensquelle darin. Durch Deinen Verstand und Willen habe ich die Schweitzersche Welt in unmittelbarer Weise erfahren und es hat mir die Gewißheit gebracht, daß wir für unsere Gegenwart und Zukunft die Gedanken Albert Schweitzers dringend benötigen.
Zum Jubiläum möchte ich Dir den folgenden Versuch, als Frucht unserer Begegnung, in tiefer Dankbarkeit widmen.

Der Ausgangspunkt dieser Darlegung ist der Wunsch, das Erleben der Wirklichkeit in unserer gegenwärtigen Zeit zu verstehen. In uns tragen wir alle ein Bild davon, Bilder, die nuancenmäßig voneinander verschieden sind durch die individuelle Geschichte des einzelnen Menschen. Der Rahmen ist jedoch in weitem Ausmaß derselbe, geschaffen durch die heutige Waffenwirklichkeit, die ihren Schatten über die einzelnen Wirklichkeitsbilder wirft und ihre Grundstimmung prägt. Waffen sind stets ein Teil der Wirklichkeit des Menschen gewesen, aber noch nie in einer so totalen und alles umfassenden Weise wie in unserer Zeit. Gleichermaßen ist die Angst immer ein Teil der Grundstimmung des Menschen gewesen, jedoch vielleicht nicht in so unmittelbarer und wenig exklusiver Art wie heute. "Der Begriff Angst" fungiert nicht länger nur als philosophisch-psychologischer Ausdruck innerhalb einer theoretisch-systematischen Sphäre, sondern ist als existentielle Erfahrung ein gemeinsamer menschlicher Besitz geworden.

Versöhnung
Als Überschrift dieser Darlegung habe ich "Auf dem Wege der Versöhnung" gewählt. Der Versuch, unter diesem Titel einen Einblick in die Wirklichkeitsbilder des 20. Jahrhunderts zu geben, kann unmittelbar sowohl

provozierend, an falscher Stelle und sinnlos wirken, denn das Zeichen der Versöhnung ist wohl nicht gerade der hervorragendste Zug dieser Epoche mit zwei Weltkriegen und Millionen Toten und Geschädigten. Eher könnte man wohl unser Jahrhundert als dasjenige der "Gegensätze", und ideengeschichtlich als dasjenige der "Dialektik" und der "Pendelschläge" charakterisieren.

Aber trotz diesen unmittelbaren Gegenvorstellungen und Einwendungen möchte ich "Auf dem Wege der Versöhnung" beibehalten als eine sinnvolle Perspektive und ein Charakteristikum unseres Jahrhunderts. Die Voraussetzung, um von Versöhnung sprechen zu können, ist ja gerade, daß es Gegensätze zu versöhnen gibt. Der Begriff "Versöhnung" ist also gemeint an sich, innerhalb eines dialektischen Rahmens fungieren zu sollen; unser eigenes Jahrhundert sollte hierfür besonders gut geeignet sein und die Möglichkeit für eine Wanderung auf dem Wege der Versöhnung in sich tragen. Ob dieses der Fall gewesen ist, und in welchem Ausmaß dies geschehen ist und eventuell geschehen kann, wird im folgenden eine Perspektive sein.

Der Umschlag

Ich wählte, mit dem Ausbruch des 1. Weltkrieges zu beginnen, denn 1914 kommt der große Umschlag, und die Töne unserer Zeit werden angeschlagen. Ja, die Sturmwellen von damals haben sich noch nicht gelegt, als Brandung können wir sie immer noch am Strande unserer Zeit wahrnehmen.

In seinem Buch "Die Sache mit Gott" schreibt der Theologiehistoriker Heinz Zahrnt: "Das geschichtliche und das kalendarische 20. Jahrhundert fallen nicht zusammen." Das geschichtliche 20. Jahrhundert begann erst am 28. Juni 1914 mit den Schüssen in Sarajevo und dem Ausbruch des 1. Weltkrieges. Erst dann kam der Umschlag und meldete, daß eine neue Zeit vor der Tür stand.

Die neue Zeit stellte einen Aufbruch dar von dem, was Stefan Zweig in seinem Buch "Die Welt von gestern" als "Das goldene Zeitalter der Geborgenheit" charakterisierte, geprägt von Sicherheit und Unveränderlichkeit. Alles hatte seinen bestimmten Platz, seine Normen, alle hatten ihre besimmten Ziele. In diesem Reich (Österreich-Ungarn) stand alles fest. (Das Jahrhundert der Sicherheit wurde das Jahrhundert der Versicherungen.) Man sah verächtlich zurück auf die früheren Jahrhunderte mit ihren vielen Kriegen und war davon überzeugt, daß man sich auf dem Wege zu "der besten von allen Welten" befand. Der Ausbruch des 1. Weltkrieges war daher ein Schock für die seinerzeitige Intelligenzia und erschütterte das entwicklungsoptimistische, verstandesmäßige und nüchterne Vertrauen auf die rationalistische Lebensgestaltung des europäischen Kulturmenschen. Der Zukunftsglaube schlug plötzlich in Untergangsstimmung um, eine klimatische Änderung, die die geisteshistorische Entwicklung auf Jahrzehnte prägen sollte.

Wollte man versuchen, diesen Umschlag mit wenigen Worten auszudrücken, so müßte man als Schlüsselwort den Begriff "Pessimismus" anwenden. Der Pessimismus gelangte auf die Arena und forderte eine Rolle neben dem Optimismus und Zukunftsglauben. Und die gesamte nachfolgende geistesgeschichtliche Entwicklung kann treffend als eine Entwicklung betrachtet werden, die von diesen beiden Kategorien innerhalb eines Rahmens geschaffen wurde: Im Spannungsfeld zwischen Optimismus und Pessimismus wird die Substanz und Nahrung für neue Wirklichkeitsbilder gesucht.

Kulturphilosophie

In den Jahren 1918 - 22 wurde Oswald Spenglers Kulturphilosophie mit dem zeittypischen Titel "Der Untergang des Abendlandes" herausgegeben. Diese ist stark von der Untergangsstimmung der Zwischenkriegszeit geprägt, mit einer durchgehend pessimistischen Ansicht bezüglich der Zukunft der westlichen Kultur. Mit einem großen Aufgebot von geschichtlichem Wissen und kultur-philosophischer Systematik versucht Spengler zu beweisen, daß die verschiedenen Kulturen, die Klassische, die Byzantinische u.s.w., ähnlich wie lebende Organismen, eine Wachstumszeit, eine Reifezeit und letztlich eine Verfallzeit haben, die mit Untergang endet, und seiner Meinung nach war die Kultur des Westens jetzt dahin gelangt.

1923 erschienen die beiden ersten Bände der Kulturphilosophie von Albert Schweitzer, auch diese mit höchst programmatischen Titeln: "Verfall und Wiederaufbau der Kultur" und "Kultur und Ethik". Das, was meiner Auffassung nach Albert Schweitzer zu einem größeren Kulturphilosophen als Oswald Spengler macht, ist der Umstand, daß es ihm - im Gegensatz zu Spengler - gelang, eine streng pessimistische Anschauung der derzeitigen Kultur mit einem realistischen Optimismus zu vereinen.

Sein Optimismus baute nicht auf eine Harmoniemodell-Betrachtung der Wirklichkeit, sondern man könnte es einen Optimismus des Lebenswillens nennen. In seiner Kulturphilosophie liegt mit anderen Worten ein Versöhnungsmotiv - Versöhnung verstanden als Erkenntnis der Gegensatzfülle der Wirklichkeit und der Notwendigkeit, diese Dialektik als Triebkraft des Lebens und der Kultur beizubehalten. Er schreibt: "Nie ist der Kampf zwischen Optimismus und Pessimismus in uns ausgekämpft. Immer wandern wir auf Geröll am Abgrund des Pessimismus entlang. Wenn das, was wir im eigenen Dasein oder in der Geschichte der Menschheit erleben, niederdrückend auf unseren Willen zum Leben einwirkt und uns die Frische und die Besinnung nimmt, können wir den Halt verlieren und auf dem nachgebenden Gestein der Tiefe zu mitgenommen werden. Aber wissend, daß das, was unser unten erwartet, der Tod ist, arbeiten wir uns wieder auf den Pfad hinauf.....".

Krisentheologie
Die Krisentheologie, d.h. die dialektische Theologie, die von dem schweizerischen Theologen Karl Barth in Regie gesetzt wurde, stellte einen Bruch und eine vollständige Umwälzung im Verhältnis zu der liberalen Theologie der Vorkriegszeit dar. Während es die Angelegenheit der liberalen Theologen war, Gott und den Menschen auf eine Formel zu bringen - die Wirklichkeit Gottes und des Menschen zusammenzubringen, so stellte die dialektische Theologie die entgegengesetzte Tendenz dar, nämlich Gottes Transzendenz, Gottes Wirklichkeit als "das ganz andere" im Verhältnis zum Menschen zu unterstreichen. Während die optimistische Menschenansicht der liberalen Theologen das Gute im Menschen betonte, bedeutete also die dialektische Theologie ein Urteil über alles menschliche Streben und Pessimismus hinsichtlich der Möglichkeit des Menschen, selbst zu Gott zu gelangen. Das Gottesverhältnis des Menschen trägt das Wesenkennzeichen der Krise. Hier sehen wir also, wie das Pendel zum anderen Extrem geschlagen ist.

Innere Persönlichkeit und Dialektik
Der erste Weltkrieg machte selbst der Mythe von dem vernunftmäßigen, tugendhaften und moralischen Menschen ein Ende, und Sigmund Freud gab durch seine Werke von dem unbewußten Triebleben und den Schattenseiten der menschlichen Persönlichkeit dieser Mythentilgung empirische Substanz. Friedrich Nietzsche hatte bereits von den wilden Hunden gesprochen, die im Keller bellen, und Sören Kierkegaard hatte in seinen Schriften die dämonischen Möglichkeiten im Menschen aufgedeckt. Im gleichen Atemzug könnte man Fjodor M. Dostojevskijs Tiefbohrungen im Menschensinne erwähnen. Zum ersten Mal versuchte man jedoch, die irrationalen Kräfte des Menschen innerhalb eines streng wissenschaftlich methodischen Rahmens zu erforschen, und durch die "Traumdeutung" brachte Freud Material zu einem Menschenbildnis an den Tag, wo versucht wurde, Vernunftsleben und Triebleben als gleichwertige Elemente der Persönlichkeit einzugliedern.

Carl Gustav Jung war Sigmund Freuds Kronprinz, aber es kam zu einem dauernden Bruch zwischen ihnen, weil Jung nicht Freuds Libidotheorie als anthropologisches Fundament gutheißen wollte. Und er entwickelte nach und nach seine eigene Tiefenpsychologie, die mit ihrer Breite und Vielfältigkeit imponiert. Seine Lehre von dem kollektiven Unbewußten und den Archetypen stellte im buchstäblichen Sinne eine grenzensprengende Einsicht in die gemeinsame psychologische Grundlage der Menschheit dar, durch den Nachweis, daß jeder Mensch, ungeachtet sprachlicher oder kultureller Zugehörigkeit, tief in seiner Persönlichkeit ein Arsenal von Symbolen trägt, welches gemeinsames menschliches Eigentum ist. Psychologisch verstanden ist der Mensch zutiefst gesehen ein transzendierendes Wesen, das die nationalen und regionalen Barrieren sprengt. Unser Unterbewußtsein ist also dermaßen geprägt und strukturiert, daß das globale Perspektiv das natürliche für uns sein sollte und nicht das nationale.

Wir sind vielleicht erst in unserer Zeit für das Fruchtbare dieser Einsicht reif, indem die politische, wirtschaftliche und nicht zum mindesten die waffentechnologische Entwicklung uns gezwungen hat, die Notwendigkeit von übernationalen und globalen Lösungsversuchen einzusehen.

Nationalismus

Was die nationale Hysterie an Destruktivität und Zerstörung mitführen kann, dafür sind sowohl der 1. als auch der 2. Weltkrieg grelle Beispiele. Aber diejenigen, die in aller Öffentlichkeit auf diese Gefahr hinwiesen, wurden als Landesverräter verschrien und in ihren Heimatländern verabscheut.

Der französische Schriftsteller Romain Rolland war im ersten Weltkrieg einer derjenigen, die hervortraten und zu internationalem Verständnis und Zusammenarbeit mahnten, und zusammen mit den deutschen Schriftstellern Hermann Hesse und Stefan Zweig leitete er eine Kampagne ein, um die europäische Einheitskultur von nationaler Zersplitterung und Vulgarisierung zu retten.

Versöhnung und innere Persönlichkeit

Für das Verständnis der schriftstellerischen Tätigkeit von Hermann Hesse ist 1916 ein Schlüsseljahr. Da erfolgte der Umschlag, was ihn betrifft, beschleunigt durch den Weltkrieg, der für ihn ein erschütterndes Erlebnis wurde, so erschütternd, daß er ihn in therapeutischen Kontakt mit dem Psychoanalytiker und Schüler von Jung, J.B. Lange, brachte. Und von seinem Roman "Demian" (1916) an dominiert nicht mehr die romantische Tonsprache, sondern die Psychoanalyse, und in besonderem Ausmaß tritt die Symbolwelt von C.G. Jung hervor. Es ist der Individuations-Prozeß, d.h. der Weg des Menschen von Zerspaltung zur Ganzheit und Wachstum, der Weg der Versöhnung auf dem inneren persönlichen Plan, der Hesses thematischen Ausgangspunkt ab 1916 bildet.

Bewußtseinsniveau und Kommunikation

Die Arbeiten von Freud und Jung haben überhaupt einen enormen Einfluß auf die Kunst ausgeübt, wovon nicht zum mindesten der Expressionismus und der Surrealismus sprechende, tönende und malende Beispiele sind. Der Däne Jan Maegaard schreibt vom Expressionismus:

"Seine Grundstimmung ist von dem neuen Weltbild geprägt, das sich im Anfang des Jahrhunderts anzudeuten begann. S. Freuds Theorien bezüglich der Funktion des Unterbewußtseins, Albert Einsteins Relativitätstheorie, Kandinskys abstrakte Malerkunst, Schönbergs atonale Musik und die assoziierende Prosa von James Joyce spiegeln dies, jeder auf seine Art, wider. Die Entdeckung einer Welt außerhalb der Reichweite des Bewußteins und der Vorstellungsfähigkeit ist allgemein in der derzeitigen wissenschaftlichen Begriffswelt und in den künstlerischen Ausdrucksformen. Das bisherige so wohlgeordnete und abgegrenzte Weltbild entschleierte sich als eine Illusion. Das Unbekannte und Nicht-handgreifliche, was von einer wohletablierten Gesellschaft bisher auf sicheren Abstand gehalten wurde, rückte jetzt drohend näher. In der expressionistischen Kunst tritt daher ein Panikmoment an den Tag, ein Entsetzen vor diesem Unbekannten und die Ahnung von einer kommenden Katastrophe."

Angst und Existenz

Der Existentialismus war neben dem logischen Positivismus die dominierende philosophische Richtung in der Zwischenkriegszeit und den 40er Jahren. Er bildete keine einheitliche Schule, sondern umfaßte den Versuch einer Reihe von mehr oder weniger literarisch orientierten Denkern, die menschliche Situation philosophisch durchzuarbeiten, nicht als gegebenes objektives Phänomen - denn das war die Angelegenheit der Naturwissenschaften -, sondern als subjektive Erfahrung.

Begriffe wie Freiheit, Wahl, Verantwortung und Schuld bedurften, neu durchdacht zu werden, weil das Heranwachsen der Naturwissenschaften und der deterministischen Menschenanschauung diese fast gänzlich ihres sinnvollen Inhalts beraubt hatten. Die existentialistische Deutung der menschlichen Existenz versucht, dem Menschen die Hoheit und Würde zurückzugeben, die die Naturwissenschaften gedroht hatten ihm zu nehmen, aber es wird eine Deutung, die die Lebensangst und den Tod zum Leitmotiv macht. Und gerade dies ist vielleicht die größte Leistung der Existenzphilosophie: Ihr Wille, die Lebensangst ernst zu nehmen und zu versuchen, diese zu einem sinnvollen Erlebnis zu machen. Mit anderen Worten gesagt: Den Menschen mit dem Tod zu versöhnen, indem gezeigt wird, daß der Mensch erst mit dem Bewußtsein vom Tod als Endstation/eventuell Durchgangsstation zu einem "eigentlichen" Leben imstande ist.

Absurdität

Eine übertriebene Form des existenzphilosophischen Lebensverständnisses kommt in dem Satz "das Leben ist absurd" zum Ausdruck, und eine lange Reihe von Schriftstellern hat dieses Thema zum Gegenstand nicht zum mindesten dramatischer Behandlung gemacht. Man spricht sogar vom "absurden Theater", mit Samuel Beckett als seinem namhaftesten Vertreter. Die Wurzeln können u.a. auf das Schriftstellertum von Franz Kafka zurückgeführt werden.

Für diese Richtung besteht die Absurdität des Daseins darin, daß der Mensch

Mensch und die Welt, in der er lebt, inkommensurable Größen sind. Der Mensch erscheint mit Erwartungen bezüglich Ordnung, Zweck und Werten, aber das Dasein ist nicht darauf eingerichtet, diese Erwartungen zu erfüllen. Wenn der Mensch trotzdem an seinen Erwartungen festhält und sein Leben entsprechend einrichtet, endet es in Absurdität. In der Absurdität entdeckt der Mensch, daß er in der Welt fremd ist, oder, daß die Welt ihm fremd ist. Der Mensch wird entfremdet. Der Begriff "Entfremdung" ist eigentlich ein marxistischer Begriff und in Bezug auf das Erleben des Arbeiterlebens in der großkapitalistischen Gesellschaft gebraucht. Die Absurdisten radikalisieren also diesen Ausdruck weiter, indem sie ungeachtet der Arbeitswelt den Menschen als entfremdet in der Welt darstellen. Unsere Welt ist mit anderen Worten nicht unsere Welt, sie ist ganz einfach nicht für Menschenexistenz berechnet. Die Worte des griechischen Schriftstellers Nikos Kazantzakis können als eine Stellungnahme über diese Art Literatur dienen. Er schreibt:

"Die Aufgabe des Dichters ist nie so schwer gewesen wie in unserer Zeit. Die Schönheit ist ihm nicht mehr genug. Es gibt andere, die eine wunderschöne Beschreibung eines Kadavers geben können. Sie rufen Angst hervor und hinterlassen Verstimmung. Wer aber ein wirklicher Dichter in unserer Zeit ist, der weiß: Wir stehen alle an einem Abgrund, es hat keinen Zweck, zu versuchen, sein kleines Ich zu retten. Ein echter Dichter fühlt Verantwortung für den Menschen. Er muß sein Evangelium schreiben. Ein Licht muß von ihm ausgehen. Es hat keinen Sinn, nur die Worte zu erneuern. Die Rettung liegt in Wort und Tat."

Leben und Wahrheit

Die Literatursituation in den ersten Jahren nach dem 2. Weltkrieg wird von dem deutschen Autor Wolfdietrich Schnurre wie folgt geschildert:

"Man schrieb, um zu warnen, aber es gab keinen ethischen Rückhalt. Es gab keine Tradition. Das Einzige was es gab, war die Wahrheit." Und nach vieljähriger systematischer Entstellung der Wahrheit wurde die Wahrheit - in all ihrer Unklarheit - ein zentraler Wert.

Die Erlebnisse und Erfahrungen des entsetzlichen Krieges ließen sich nicht verdrängen oder wegdenken. Sie konnten nicht weggetröstet werden, aber man konnte, wie Ilse Aichinger schreibt: ".... seine Erfahrungen als Ausgangspunkt nehmen, um das Leben für sich selbst und andere neu zu entdecken."

Das gelobte Land

"Die 50-iger Jahre waren das erste Jahrzehnt in der Geschichte der Menschheit, das die Möglichkeit der globalen Katastrophe im Ernst öffnete. (Das Atomzeitalter.) Und gleichzeitig waren die 1950-iger Jahre das erste Jahrzehnt in der Geschichte der Menschheit, in welchem die Überfluß-Gesellschaft auf dem Wege zur Verwirklichung war - jedenfalls in einer Reihe von westlichen Ländern. Wir, die jung waren in den 50-iger Jahren, fühlten uns daher als die Generation zwischen den Generationen. Wir waren die Ersten, die in das Land, das von Milch und Honig überfloß, eintreten sollten. Aber gleichzeitig waren wir, nach allem zu urteilen, (auch) die letzte Generation (denn der Atomkrieg würde ja kommen). Die 1950-iger Jahre waren also das Jahrzehnt des schicksalschweren Zeitwechsels der Menschheit."

So beschreibt der norwegische Theologe und Schriftsteller Tor Aukrust das Wirklichkeitsbild der 50-iger Jahre - ein Jahrzehnt mit den ungeahnten Möglichkeiten im doppelten Sinne. Wie N. Kazantzakis es sagt:

"Jetzt hat die Physik ihre Pflicht getan, sie hat die Materie gespalten, die Kräfte des Atoms freigemacht. Nun muß die Ethik das Werk vollenden und die schlummernden Kräfte des Herzens freimachen."

Das Prinzip Hoffnung

"Prinzip Hoffnung" ist eines der merkwürdigsten und vielleicht interessantesten philosophischen Werke im nachkriegszeitlichen Europa. Es erschien 1959, und sein Urheber war der Marxist und Atheist Ernst Bloch, der selbst jüdischer Abstammung war. Bloch summiert die Idee seines Werkes selbst folgendermaßen:

"Wir müssen lernen zu hoffen. Die Hoffnung ist stärker als die Furcht. Das Hoffnungsgefühl bewirkt, daß der Mensch über sich selbst hinausgeht und seinen Horizont erweitert, denn er weiß nie genug von den Kräften, die seine eigenen inneren Maße darstellen, und ebenfalls nicht, womit er rein äußerlich gesehen in Zusammenhang steht. Die Hoffnung veranlaßt jedoch den Menschen, sich aktiv in den Entstehungsprozeß, in dem die Welt sich ständig befindet, zu werfen. Das Leben aller Menschen ist von Tagesträumen durchdrungen, und man hat stets große Träume von einem besseren Leben gehabt. Deshalb ist die Hoffnung wie ein dichtbewohntes und bebautes Weltgebiet und gleichzeitig fast ebenso unerforscht wie die Antarktis."

Das Interessante dieses Werkes ist, daß es die Grenzen des dogmatischen Marxismus sprengt, und sich nicht mit einer Studie der gesellschaftlichen Struktur und Triebkräfte begnügt. Bloch geht weiter auf den einzelnen Menschen ein, und holt die Hoffnung als seine stärkste Triebkraft hervor. Aber auch hier hält er nicht an, er geht noch weiter, zur Erwägung einer Dimension, von der sich der klassische Marxismus ausschloß - nämlich die religiöse, etwas, das in theologischen Kreisen Aufsehen erregte und ihm bei vielen seiner Eigenen den Ketzerstempel aufdrückte.

Ernst Bloch ist somit einer der wenigen Denker, denen es gelungen ist, einen Marxismus mit menschlichem Antlitz darzustellen - ja, sogar Gottes Antlitz auf diesem Hintergrund erscheinen zu lassen.

Die offene Zukunft

"Die technologische Entwicklung führte in den 60-iger Jahren zu einer neuen Wahrnehmung der offenen Zukunft, dieses Land mit den unbegrenzten Möglichkeiten. Futurismus, Plänefassung und Projektwissenschaften entstanden überall. In den U.S.A. erweckte die Kennedy-Epoche einen weltlichen Hoffnungsenthusiasmus, der in der Bürgerrechtsbewegung und im Peace-corps politisch aktiv wurde. Auch auf den begangenen Pfaden des Marxismus in den Ländern mit stalinistischer Bürokratie gab es neue Hoffnung auf einen Sozialismus mit menschlichem Antlitz, wie im Falle Alexander Dubceks in der Tschechoslovakei. Innerhalb des Katholizismus erweckte das 2. Vatikankonzil große Hoffnungen auf eine neue, weltoffene Kirche. Die ökumenische Bewegung stellte sich 1968 in Uppsala unter die göttliche Verheißung: "Siehe, ich mache alle Dinge neu." Auf einer Reihe von Gebieten bedeuteten die 60-iger Jahre Aufbruch von der Apathie und Wille zu einer neuen Freiheit."

So skizziert der Theologe Jürgen Moltmann den Kontext, innerhalb dessen seine "Theologie der Hoffnung" entstand. Er nahm Blochs Pfade der Hoffnung auf als das Wesenskennzeichen des Christentums und der Zukunft, als die Gegenwärtigkeit Gottes in der Welt. Neben der Philosophie von Ernst Bloch ist Albert Schweitzers konsequente Eschatologie eine wichtige Voraussetzung der Theologie Moltmanns. Was es für die Christenheit bedeutet, hoffen zu lernen, ist von Franz Rosenzweig wie folgt angedeutet:

"Die Liebe ist immer sehr weiblich gewesen, der Glaube sehr männlich, erst die Hoffnung ist stets kindlich. Erst damit beginnen die Worte: 'Werdet wie die Kinder' sich in der Christenheit zu erfüllen ..... In die Hoffnung fügen sich die alten Kräfte, fügt sich der Glaube und die Liebe hinein. Von der Hoffnung im Kindersinn erlangen sie neue Kräfte und werden wieder jung wie Adler."

Daß die christliche Hoffnung etwas mehr als passive Erwartung ist, hat Albert Schweitzer in folgender Weise ausgedrückt: "Nicht mehr können wir, wie die Geschlechter vor uns, in dem Glauben an das am Ende der Zeiten von selbst kommende Reich Gottes verbleiben. Für die Menschheit, wie sie heute ist, handelt es sich darum, das Reich Gottes zu verwirklichen oder unterzugehen. Aus der Not heraus, in der wir uns befinden, müssen wir an seine Verwirklichung glauben und mit ihr Ernst machen."

Sturm

Während des Studentenaufruhrs in Paris 1968 stand an einer Wand geschrieben: "Sei realistisch! Tue das Unmögliche!" Eine Äußerung, die gut auf Ernst Blochs Versuch paßt, einen Marxismus mit menschlichem Antlitz zu schaffen. Zusammen mit dem deutsch-amerikanischen Philosophen Herbert Marcuse und dem Groß-Neffen von Schweitzer, Jean Paul Sartre, wurde er der Prophet der 68-iger Generation und des Jugendaufruhrs. Auf dem Ideenplan stellte dieser Aufruhr ein Nein und eine Front gegenüber der ganzen etablierten Gesellschaft dar. Der Kampf gegen den Materialismus und Individualismus war ein Kampf für den "Zwischen-Menschen" hinter den Sperrungen und Strukturen, für ein Leben in Freiheit, Kommunikation und Gemeinschaft. Und innerhalb dieses kollektiven Rahmens sollte der Traum von dem neuen, ethischen und nicht-destruktiven Menschen realisiert werden. Revolution und Barrikadenstürmung, euphorische Stoffe und Meditation waren sämtlich Mittel zu diesem Zweck.

Rückblick und Überblick

Der ideengeschichtliche Zirkel ist in mancher Hinsicht mit dem Studentenaufruhr geschlossen: Seine Anthropologie - der neue, ethische und nichtdestruktive Mensch - ist in mancher Hinsicht eine Aktualisierung der positiven und optimistischen Menschenanschauung vom Anfang unseres Jahrhunderts. Man erkennt die Gesichtszüge von damals wieder, obwohl die Angstfalten des heutigen Wirklichkeitsbildes diesem Gesicht eingeprägt sind, und der Körper in die Modeschöpferkunst unserer Zeit gehüllt ist. "Hier stehe ich, ich kann nicht anders", sagte ein Mann, dessen 500-jährigen Geburtstag unsere Kirche soeben gefeiert hat. "Herr, wohin sollen wir gehen?" war die Frage, die Petrus an seinen Meister richtete.

Im Schnittpunkt zwischen diesen beiden Aussagen erkennen wir vielleicht etwas von der Stimmung unserer Zeit wieder: Wir stehen am Ausgang eines Jahrtausends, umgeben von der Wirklichkeit, die wir selbst mit zustande gebracht haben - als Generation, die "mündig" geworden ist mit der Entscheidung über Leben und Tod in eigener Hand. "Die Zukunft in unseren Händen" oder die menschgeschaffene Eschatologie? Das ist das Dilemma unserer Zeit. Das mytische Weltbild ist begraben, und die Apokalyptik lebt. Das ist das Paradox, dem unsere Zeit gegenübergestellt ist.

Die Wahl ist die unsere .... oder haben wir uns von unseren eigenen Technologien, Strukturen und Strategien einfangen lassen? Unsere Mündigkeit wird auf die Probe gestellt, wir zittern und sind ängstlich, wir fragen: "Wohin und zu wem sollen wir gehen?" Niemand antwortet (denn wir haben ja selbst Vormünder abgeschrieben) - und Gottes Sein in der Welt ist Zukunft ....? Im Lichte dieser Erfahrung muß ein Wirklichkeitsbild im Jahre 1984 anders erscheinen als in früheren Zeiten:

1.) Wie "entmythologisiert" in dem Sinne, daß Gott nicht mehr in Raum/Zeitkategorien als ein transzendentes Wesen, das eine Marionettenwelt regiert, zu verstehen ist. In dem Maße, wie man weiterhin den Transzendenzbegriff in sinnvoller Weise integrieren kann, muß dies in einem voluntaristischen Verständnis sein: Gott als Wille und die Transzendenz als "die tiefe Diesseitigkeit" - in der Welt zu leben, für die Welt und anders als die Welt zu leben.

2.) Wie “entintellektualisiert”, in dem Sinne, daß die Wirklichkeit nicht mehr durch logische Harmoniemodell-Betrachtungen als Vorstellung beschrieben wird. Die Wirklichkeit als Vorstellung zu begreifen, ist ein Versuch, etwas zu objektivieren, wovon man selbst ein Teil ist. Damit sperrt man sich von dem Verständnis der Wirklichkeit - und sich selbst, aus.

3.) Aber durch diesen Entmythologisierungs- und Entintellektualisierungs-Prozeß wird der Mensch zu sich selbst zurückgezwungen - und damit ist auch der Ausgangspunkt des neuen Wirklichkeitsbildes gegeben, nämlich die Anthropologie: Nur durch Selbstverständnis kann der Mensch zum Verständnis der übrigen Wirklichkeit gelangen.
Der erste in der Philosophiegeschichte, der die Notwendigkeit dieser Neuorientierung einsah, war Albert Schweitzer, indem er auf die Unmöglichkeit hinwies, die Lebensanschauung auf die Weltanschauung zu bauen. Seine “kopernikanische” Wendung auf diesem Punkt ist daher bindend für jedes neue Wirklichkeitsbild.

4.) Aber auch Schweitzers voluntaristische Anthropologie sollte höchst aktuell sein, weil sein Verständnis des Menschen als “Leben, das leben will, inmitten von Leben, das leben will” ein Selbstverständnis darstellt, das gleichzeitig ein Verständnis des Seins (Ontologie) einschließt: nämlich, daß in und hinter allen Phänomenen sich Wille zum Leben befindet, - daß alles, was es gibt, Wille zum Leben ist, eine rätselhafte Äußerung des universellen Willens zum Leben.
Aber dieses Selbstverständnis und Verständnis des Seins bewirkt nicht nur, daß der Mensch sich selbst als Teilnehmer in einem universellen Lebenswillen-Zusammenhang versteht: Das Verständnis geht in Erleben und Miterleben über. Denn, indem der Mensch in sich selbst eine Sehnsucht empfindet, weiterzuleben, und einen Drang, sich selbst zu verwirklichen in der höchsten Vollkommenheit, so erlebt er die gleiche Sehnsucht in anderen Lebensformen mit, ungeachtet, ob diese sich mitteilen können oder nicht. Es ist jedoch dem Menschen nicht nur gegeben, die Sehnsucht weiterzuleben, mit anderen Lebewesen zu teilen, sondern auch die Angst vor Vernichtung und der Unterdrückung des Lebenswillens. (Damit hat die Angst eine ontologische Verankerung, die sich dort einreiht, wo sie hingehört - als unlösbar verbunden mit dem Wesen der Wirklichkeit: “Sinnvolles in Sinnlosem, Sinnloses in Sinnvollem: dies ist das Wesen des Universums.”)
So empfindet also der Mensch in seinem eigenen Lebenserlebnis alles andere Lebende, und hierdurch erlebt er die Notwendigkeit, allem Lebenswillen mit der gleichen Ehrfurcht vor dem Leben zu begegneen, mit welcher er sich selbst umfaßt.

5.) Laut Schweitzer ist damit auch die Grundlage der Ethik gegeben, indem das Leben an sich in seiner universellen Vielfältigkeit zu ihrem Objekt wird, und ihr Wesen eine Hingabe an das Leben, hervorgerufen durch die Ehrfurcht vor dem Leben.
Der große Mangel aller bisherigen Moralphilosophie ist, laut Schweitzer, daß diese sich auf die Erwägung des Verhaltens zwischen den Menschen begrenzt hat. Aber die Ethik bezüglich des Verhaltens der Menschen zueinander befindet sich nicht in einer Sonderklasse, sondern muß als Teil von etwas Größerem und Allgemeinem eingegliedert werden, ebenso wie der Mensch ontologisch in einem universalen Lebenswillen-Zusammenhang eingeschlossen ist. Man ist vielleicht erst in unserer heutigen Zeit bereit, die Notwendigkeit dieser Perspektiv-Erweiterung der Ethik einzusehen, indem man auf globale Probleme stößt wie zunehmende Verunreinigung, Zerstörung von Ökosystemen, Raubbau der Weltreserven, die Bedrohung der Wirklichkeit als solche durch die Waffenwirklichkeit u.s.w.. Eine universale Ethik würde deshalb in einem Wirklichkeitsbild von anno 1984 als fundamental notwendig erscheinen.

6.) Hinsichtlich des religiösen Inbegriffs der Ethik der Ehrfurcht vor dem Leben, so erörtert Schweitzer dies an mehreren Stellen in seiner Kulturphilosophie: Nachstehend werde ich einige Abschnitte des Kap. XXI in "Kultur und Ethik" zitieren:
"In meinem Willen zum Leben erlebt sich der universale Wille zum Leben anders als in den andern Erscheinungen. In diesem tritt er in einer Individualisierung auf, die, soviel ich von außen bemerke, nur ein Sich-Selbst-Ausleben, kein Einswerden mit anderem Willen zum Leben erstrebt. Die Welt ist das grausige Schauspiel der Selbstentzweiung des Willens zum Leben. Ein Dasein setzt sich auf Kosten des anderen durch, eines zerstört das andere. Ein Wille zum Leben ist nur wollend gegen den andern, nicht wissend von ihm. In mir aber ist der Wille zum Leben wissend von anderm Willen zum Leben geworden. Sehnen, zur Einheit mit sich selbst einzugehen, universal zu werden, ist in ihm.
Warum erlebt sich der Wille zum Leben so nur in mir? Liegt es daran, daß ich die Fähigkeit erlangt habe, über die Gesamtheit des Seins denkend zu werden? Wohin führt die in mir begonnene Evolution?
Auf diese Fragen gibt es keine Antwort. Schmerzvolles Rätsel bleibt es für mich, mit Ehrfurcht vor dem Leben in einer Welt zu leben, in der Schöpferwille zugleich als Zerstörungswille und Zerstörungswille zugleich als Schöpferwille waltet.
Ich kann nicht anders, als mich an die Tatsache halten, daß der Wille zum Leben in mir als Wille zum Leben auftritt, der mit anderm Willen zum Leben eins werden will. Sie ist mir das Licht, das in der Finsternis scheint. Die Unwissenheit, unter die die Welt getan ist, ist von mir ge-

nommen. Ich bin aus der Welt erlöst. In Unruhe, wie sie die Welt nicht kennt, bin ich durch die Ehrfurcht vor dem Leben geworfen. Seligkeit, die die Welt nicht geben kann, empfange ich aus ihr. Wenn in der Sanftmut des Andersseins als die Welt ein anderer und ich uns in Verstehen und Verzeihen helfen, wo sonst Wille andern Willen quälen würde, ist die Selbstentzweiung des Willens zum Leben aufgehoben. Wenn ich ein Insekt aus dem Tümpel rette, so hat sich Leben an Leben hingegeben, und die Selbstentzweiung des Lebens ist aufgehoben. Wo in irgendeiner Weise mein Leben sich an Leben hingibt, erlebt mein endlicher Wille zum Leben das Einswerden mit dem Unendlichen, in dem alles Leben eins ist. Labung wird mir zuteil, die mich vor dem Verschmachten in der Wüste des Lebens bewahrt.

Darum erkenne ich es als die Bestimmung meines Daseins, der höheren Offenbarung des Willens zum Leben in mir gehorsam zu sein. Als Wirken wähle ich, die Selbstentzweiung des Willens zum Leben aufzuheben, soweit der Einfluß meines Daseins reicht. Das eine, was not ist, wissend, lasse ich die Rätsel der Welt und meines Daseins in ihr dahingestellt.

Das Ahnen und das Sehnen aller tiefen Religiosität ist in der Ethik der Ehrfurcht vor dem Leben enthalten. Aber diese baut es nicht zu einer geschlossenen Weltanschauung aus, sondern ergibt sich darein, den Dom unvollendet lassen zu müssen. Nur den Chor bringt sie fertig. In diesem feiert die Frömmigkeit lebendigen und unaufhörlichen Gottesdienst...."

Epilog

Ich möchte diese Darlegung mit einem Zitat aus der ersten Predigt abschliessen, die Schweitzer nach seiner Heimkehr aus Lambarene und Internierung in St. Rémy de Provence 1918 hielt. Dies nicht nur, weil die Gedanken, die er hier darlegt, auch heute höchst aktuell sind, sondern, weil sie ein Zeugnis der Lebenskraft und Dynamik sind, die in einem Wirklichkeitsbild liegen, das von der Ethik der Ehrfurcht vor dem Leben getragen wird:

"Die Ereignisse sind wie die Gebirge und Hügel, die den Fluß aus seiner geraden Bahn abdrängen, ihn in Bogen und Windungen hineinzwingen und ihn doch richtig leiten, weil er anders sich im Lande verirrt hätte und den Weg zum Meere, zu dem er das Sehnen in sich trägt, verfehlt hätte. Und wie der einzelne Mensch in die geistigen Ziele des unendlichen Geistes eingehen muß, wenn er in den Ereignissen ein Werden erleben soll, so auch die Völker. Und wie wir, um Frieden zu finden, an die geistige Zukunft unseres Volkes glauben müssen, so auch an die der Menschheit. Es muß einen Fortschritt geben, es muß eine Menschheit kommen, in der die Völker durch geistige Ziele miteinander geeint sind, und das Höchste erstreben, was es hienieden geben kann .... Es ist das Tragische unserer Zeit, daß die Ideale, deren wir bedürfen, veräußerlicht und profaniert werden, indem sie gewöhnlich nur den Stoff zu Phrasen abgeben, mit denen man Propaganda betreibt und dem Unidealen einen idealen Vorwand gibt. Was wir als religiöse Menschen denken, hat mit solchem nichts gemein, sondern geht auf das, was unser Herr mit dem Worte "Reich Gottes" ausdrückte, auf etwas, was natürlich aus der immer veredelten Gesinnung der Menschen kommt. In dem widerwärtigen Chaos, das die Menschheit heute darstellt, müssen wir gegen allen Augenschein glauben, daß die durch gemeinsame Ideale geeinte Menschheit einst kommen wird ......

Als ich vor Jahren zum letzten Male, schon unter dem Eindruck der dunklen Wolken, die am Horizont standen, euch vom Reiche Gottes redete, sagte ich, daß die Glocke, die seit alters allabendlich vom Münster über unsere Stadt ertönt, mir vorkomme, als ob sie in das Land hinaussänge: Dein Reich komme! und uns daran gemahnt, in dieser Bitte uns täglich einen Augenblick zu sammeln. Die Glocke ist verstummt. Wann wird sie wieder erklingen? Aber in unseren Herzen soll es tönen aus allem Weh, das wir erlebt haben: Dein Reich komme! Wir haben Menschen und Hoffnungen begraben, mehr als je einem Geschlecht zugemutet worden ist. Aber aus der Zerstörung, durch die wir hindurchgegangen sind, wollen wir den Glauben an die Zukunft der Menschheit als das kostbarste Ideal in die neue Zeit hinüberretten und dem kommenden Geschlecht übergeben. Sonne der Hoffnung strahlt uns nicht auf dem Wege. Noch dauert die Nacht, das Morgengrauen des neuen Tages wird unsere Generation wohl nicht mehr erleben. Aber wenn wir den Glauben an das, was kommen muß, gerettet haben, dann zittert Sternenlicht uns Klarheit auf den Weg.
Friede Gottes, komm, erfülle unsere Herzen, hilf uns."

Dies sind Worte, die im Schatten des 1. Weltkrieges ausgesprochen wurden - Worte, die das Verdrängen der Erkenntnis der äußeren, zerstörten Wirklichkeit, ohne Hoffnung, ohne Licht, verweigern, die aber trotzdem standhaft verweigern, in einem Defätismus der Menschheit zusammenzufallen. Selbst wenn die Nacht im Äußeren andauert, so gibt es im Innern, in dem schöpferischen Lebenswillen, eine unerschöpfliche Hoffnungsquelle, die uns hindurchtragen und uns neuen Glauben schenken kann, daß kämpfen und siegen sich lohnen, wenn es um die Menschheit und um unsere Erde geht.

Michel Krieger